成语育人

成语文化课程的开发与实践

主　编　张红梅
副主编　鞠晓雅　王维益　谢雅芳

CHENGYU YU REN

CHENGYU WENHUA KECHENG DE KAIFA YU SHIJIAN

江蘇鳳凰教育出版社
Phoenix Education Publishing, Ltd

图书在版编目（CIP）数据

成语育人：成语文化课程的开发与实践 / 张红梅主编.
— 南京：江苏凤凰教育出版社，2018.11

ISBN 978-7-5499-7713-0

Ⅰ.①成… Ⅱ.①张… Ⅲ.①汉语 — 成语 — 教学研究
— 小学 Ⅳ.①G623.202

中国版本图书馆CIP数据核字(2018)第251315号

书　　名　成语育人——成语文化课程的开发与实践
作　　者　张红梅
责任编辑　雷利军　任占弟
出版发行　江苏凤凰教育出版社（南京市湖南路1号A楼　邮编210009）
苏教网址　http：//www. 1088. com. cn
照　　排　北京智成同心图文设计有限公司
印　　刷　三河市九洲财鑫印刷有限公司
厂　　址　河北省三河市灵山大口
开　　本　787毫米×1092毫米　1/16
印　　张　13. 5
字　　数　185千字
版　　次　2018年11月第1版　2018年11月第1次印刷
书　　号　ISBN 978-7-5499-7713-0
定　　价　35. 00元
网店地址　http：//jsfhjycbs. tmall. com
邮购电话　025-85406265,85400774　短信　02585420909
E - mail　jsep@ vip. 163. com
盗版举报　025-83658579

序　言

成语化人：儿童精神家园的追寻

众所周知，中华民族是一个具有悠久历史、灿烂文化的民族，在五千多年的历史长河中，我们的祖先用勤劳和智慧创造了光辉灿烂的文化，这些文化是中华民族人文精神的积淀，是我们的民族之根、民族之魂。成语文化就是其中一颗璀璨的明珠。

成语是汉语言独特的表达方式，是在特定的历史时期形成的、经过世世代代积淀而流传下来的汉语词汇，其内容是对中国文化最直观、简洁的描述，其中镌刻着中华民族的世界观、价值观和人生观。具体说来，成语文化体现了中华民族对自然、社会、人文的一种基本观点，如天人合一、自然天成、返璞归真等；体现了中华民族的价值取向和价值标准，如舍生取义、义薄云天、壮志凌云等；还体现了中华民族的人生态度和人生行为，如自强不息、愚公移山、精卫填海等。中华成语文化博大精深，具有长久的生命力。时至今日，广大的青少年儿童学习、记诵成语，依然可以从中汲取智慧和精神力量，塑造高尚的品格，锻造独特而又开放的思维方式，形成良好的行为习惯。具体来讲，青少年儿童学习、记诵成语，有利于形成深厚的文化底蕴与开阔的文化视野，有利于培养理解、消化、融通中华民族传统文化以及世界其他民族优秀文化的能力，从而在未来承担起维护人类社会普遍幸福的使命。

基于这样的认识，我们必须对成语进行自觉的转换、萃取、提升、整合，创造出一种新的成语文化。常州市新北区百草园小学（以下简称“百草园小学”）的“成语文化”教育行动就是这方面的典范。百草园小学从2008年开始全方位、系统化地推进成语文化教育，在校园景观的布置，成语文化校本课程的开发，课后兴趣小组、社团活动的开展以及学校特有的“成语嘉年华”节日的举办等方面努力渗透、浸润成语文化，使得成语文化成为校园中一道独特亮丽的风景线。

尤其值得一提的是，学校校本课程《百草琼林》的开发与实施在省内外形成了广泛的影响，成为成语校本课程开发中的典范。现在，学校又将其理性思考和实践创新的成果梳理出版，这是一件非常有意义的事情。

首先，百草园小学对成语文化的本质、价值及意义进行了较为系统的理性思考，这为后续的课程开发与实践奠定了坚实的理论基础。学校站在精神层面高度重视成语文化建设，这就从“根基”上认识到了成语文化的本体价值。实际上，任何一个民族的语言文字都不是孤立的语音、符号系统，而是积淀了这个民族的文化、精神、思维、智慧、感情。教汉语，尤其是教最典型地体现汉语言特色的成语，同时也是在教中华民族的文化、思想、感情，正如德国著名语言学家洪堡特所言，“民族的语言即民族的精神，民族的精神即民族的语言，二者的统一程度超过了人们的任何想象”。

因此，百草园小学用成语文化熏陶、感染学生，实质上是引领学生追寻自身乃至本民族的精神家园。德国著名哲学家海德格尔曾经说过，人活在自己的语言中，语言是人“存在的家”。学生正是通过学习、感悟、欣赏成语及其蕴含的博大精深的文化，从而确立自身在历史与现实中的价值意义。百草园小学的成语文化课程建设，其实质是教育的精神还乡！

其次，百草园小学在成语文化课程建设上以一种严谨科学的态度来对待成语的挖掘及现代性转换。众所周知，中国的成语浩瀚如烟，蔚为壮观，如何进行选择是一个难题。百草园小学从社会主义核心价值观、现行语文教材、学生的接受程度以及当今社会时代精神等几个维度出发，遴选出富有教育意义的成语故事，每个故事围绕主题拓展若干个成语，力求让学生在六年的成语文化学习中获得丰厚的中华优秀传统文化滋养。

再次，百草园小学在十年丰富多彩、富于创新的教学实践中，概括出了成语文化课程课堂教学的六大课型，即成语文化诵读课型、成语文化识字与写字课型、成语文化表演课型、成语文化习作课型、成语文化探究课型、成语文化主题阅读课型。虽然其中有交叉重复之嫌，但是从“实践操作”

层面来看，这是“实践逻辑”的反映，易于操作。不仅如此，学校还提供了丰富的案例，这些案例都是经过教学实践的检验，反复推敲修改，最终形成的优秀案例，对小学语文教学具有较高的参考价值。

“雄关漫道真如铁，而今迈步从头越。”百草园小学在成语文化教育上已经积累了丰富的经验，取得了喜人的成果。我们坚信，学校今后的成语文化教育一定能够百尺竿头，更进一步！

吴永军

（作者系南京师范大学教育科学学院教授、博士生导师，教育部南京师范大学课程研究中心常务副主任，教育部基础教育课程教材专家工作委员会委员，中国教育学会分会副会长。）

【目录】

引　言

龙城常州，季子故里，历史悠久，底蕴深厚，孕育了一代又一代常州人。新北区，常州国家级高新技术产业开发区，是 1992 年经国务院批准最早成立的 52 个国家级高新区之一，位于江苏省常州市北部新城，经济发达，发展快速。位于新北区最南端北部新城核心区域的三井街道，可谓常州市新的政治、经济、文化中心。在这里，有一所享有“百草园”美名、环境优美的学校，那就是常州市新北区百草园小学（以下简称“百草园小学”）。自 2008 年成立以来，在全体师生的共同努力下，百草园小学以“成语文化”为特色，打造优秀的学校文化，推进学校的转型发展，努力实现“成语育人”的价值追求。

百草园小学的前身是藻江花园小学，2006 年，学校参与了江苏省重点课题“成语联想教学法”的研究。2009 年，学校成为常州市成语文化研究会的首批成语学习与实践教学基地。2010 年，学校成功承办了常州市第三届成语文化艺术节和第二届中华成语文化论坛。2012 年，学校成为江苏省中华成语研究会教学科研实践基地。2014 年，学校成功创建常州市成语文化课程基地。学校申报的“‘成语文化’校本课程开发和实践的研究”课题成为江苏省教育科学“十二五”规划 2015 年度重点自筹课题。2017 年，学校承办新北区学校特色文化建设现场推进会。同年，进行成语文化校本教材再度开发、成语文化理论专著的架构编写。

在成语文化课程的研究道路上，学校经历了三个阶段。

一、起步阶段：成语文化项目是一项“创新赛事”

学校以汉语的精髓“成语”为根基，引导学生展开想象，开展成语创新作文训练。2010 年 10 月，学校开始了成语文化校本课程开发的探索，组织、策划、开展了以“成语文化”为主题的系列活动，如成语读书活动、成语创新作文大赛、成语演讲比赛、成语儿歌诵唱会等。以成语创新作文大赛为例，学校抓住引导学生习作的契机，以点带面地展开研究。常州工学院人文社科学院的莫彭龄教授为学校进行了“成语创新作文”的专题引领。在莫教授高屋建瓴的指导下，课题组成员逐渐明确了成语创新作文的教学思路，针对小学生的能力与特点，选择了从成语续编、成语扩编、成语儿歌编写、成语故事读后感这四个维度进行成语创新作文的实践教学研究。

成语扩编，重在一个“扩”字。要求在保留故事原型和主要人物的基础上，将成语故事编写得更详细、更具体，更注重细节的描写。在此基础上，课题组成员巧借“故事剧本化”（即每一个环节都要让读者看明白，能想象出所写的内容，能依据内容生动地表演故事）这一指导思路，指导学生转换角度审视自己的习作，有针对性地将习作改得更具体、更丰满、更生动。

成语儿歌编写对学生的概括能力有较高的要求，尤其是对儿歌用词的推敲，需要学生有丰富的词汇积累，还要讲求押韵。虽然教师在指导的过程中遇到了一些困难，但学生对成语儿歌很有兴趣，在教师和家长的共同帮助下，做了一些有益的尝试。

二、探索阶段：成语文化项目是一个“主题节日”

学校以丰富多彩的校园活动为载体，整合成语学习与学科教学，展现成语文化办学特色。每年 5 月，学校都会开展成语文化主题节，举办创新作文、故事演讲、知识擂台、书画创作、情景剧表演等比赛。学校积极参加省、市成语文化研究会主办的历届成语文化艺术节，选送过许多新颖、精彩的成语文化节目。2010 年，在成语文化艺术节上展演了全国首创的《闻鸡起舞》成语儿歌操。《闻鸡起舞》成语儿歌操分为立志、诚信、勤学、坚毅、团结、忠孝、取义、修身八个小节，每个小节由八个成语组成，以朗诵、吟唱等形式表现，气势非凡，内涵丰富，《常州晚报》给予了“《闻鸡起舞》成语儿歌操是小成语做出了大文章，小学校做出了大创新，小创意将会有大影响”的评价。出版的《配画成语儿歌》一书，由教师精心创作的 100 首成语儿歌与学生创作的 100 幅成语插画合编而成，书中的成语大多选自小学语文教材，贴近语文教学。这两项成果相得益彰，不仅体现了学校在成语文化与学科教学整合方面的研究成果，更是全校师生在成语文化学习研究中展现出的智慧和才艺的结晶。

三、发展阶段：成语文化是一门“综合课程”

要使学生达到国家核心素养的各项要求，学生的个性发展、多元发展需求得到充分满足，不仅需要依托国家课程校本化实施，还需要着力开发与实施校本课程。基于学校的育人目标，学校从文化的视角、课程的视角、儿童的视角进行成语文化课程的顶层设计，搭建成语文化课程框架，完成目标和内容序列，开发适合学生学习成语的课型，构建成语文化课程的评价体系。

1. 搭建成语文化课程框架

要想使学生核心素养真正得到落实，课程实施是关键。学校根据学科特点，在学科内、学科间、学科外寻找相同的“基因”进行统整，初步搭建了成语文化校本课程框架：以培养兴趣、提升素养、传承文化为目标，课程内容上形成了适合各年级学生成语学习的系列主题，课程实施以课型研究为主要推进策略，建立了科学的评价体系，同时加强资源库建设，打造课程建设专家团队。

2. 探索成语文化课型范式

近年来，学校的成语文化课程实施着力于课型研究，进行了多次主题教研活动，创生了成语群文课、成语习作课、成语探究课、成语探源课、成语全科学习课等新课型，培养了学生的人文素养与综合能力。同时，不断探索学科教学整合路径，构建成语浸润的综合性学习课堂。

3. 开发成语文化校本教材

在阅读、研究与成语相关的主要理论文献、研究成果及其他文本资料的基础上，进行两轮成语文化校本教材的开发。学校依托江苏省中华成语研究会的专家资源，组建成语文化研究项目组，进行成语文化校本教材的二度开发，进一步凸显成语文化的教育价值——培养兴趣、提升素养、传承文化；凸显成语文化教材的“趣、融、情”三大特点。新编的成语文化校本教材从成语与自然（科学）、成语与动物（植物）、成语与历史、成语与美德（尊师、乐学、立志）等方面进行规划与编写，每个单元都有单元导读和单元拓展。各主题单元内容设有文本内容、知识积累、内容研学、活动体验、文化链接五大板块。

4. 打造成语文化特色环境

学校重视成语文化物型课程建设，将成语文化融入物态环境建设中，努力营造具有独特个性的文化氛围和人文气息，让学生时时刻刻浸润其间，感受成语文化的魅力。以物象助学情，让学生借物启学悟道，内化于心，物化于形，达到物我合一的境界。

楼群赋名，意蕴高远。学校的五幢教学楼分别命名为“百卉楼”“含英楼”“芝兰楼”“玉树楼”“化雨楼”，这些名字来自成语“百卉含英”“芝兰玉树”“春风化雨”，寓意学校充满了阳光雨露，是为如花草般的孩子们茁壮成长提供滋养的花园、乐园、学园和家园。

廊室相宜，润物无声。学校建有“别有洞天成语学习长廊”，利用长廊墙面分主题介绍成语的来由与意蕴，通过成语与军事、成语与生活、成语与艺术等多个主题介绍成语，让学生感受到成语根植于生活，与生活息息相关。在成语教室有一幅展开的成语文化卷轴，以不同字体排列展示了近30个成语，并展示了学生学习成语文化的成果，营造了“传承经典，乐享成语文化学习的妙趣”的学习环境。

学校还建有成语文化广场、成语文化石、成语坐凳等，分区域呈现了选自《论语》《孟子》及唐诗、宋词中的经典成语，立体凸显了成语元素，彰显了成语文化特色，为成语文化课程的建设和实施提供了丰富的物态环境资源，彰显了学校在成语文化浸润下的独有气质。

第一章

成语及成语文化

第一节　成语的概念与内涵

一、成语的概念

成语作为现代汉语词汇中的重要组成部分，其深刻内涵是了解成语文化及成语文化课程的起点和基础，因此，探讨并明确成语的内涵对成语文化课程的理论与实践研究具有重要意义。

成语研究从开始至今，学术界对成语的定义就不尽相同。1915 年出版的《辞源》对“成语”做了这样的定义：“谓古语也。凡流行于社会，可证引表示已意者皆是。”1979 年出版的《辞海》这样定义“成语”：“熟语的一种。习用的固定词组，在汉语中多数由四个字组成。”马国凡在其编著的《成语》一书中认为：“成语是人们习用的、具有历史性和民族性的定型词组；汉语成语以单音节构成成分为主，基本形式为四音节。”史式在《汉语成语研究》中认为：“凡在语言中长期沿用，约定俗成，一般具有固定的结构形式与组成成分，有其特定含义，不能望文生义，在句子中的功能相当于一个词的定型词组或短句，谓之成语。”倪宝元和姚鹏慈两位学者在结合前人研究成果的基础上，将成语定义为“人们长期习用的、意义完整、结构稳定、形式简洁、整体应用的定型词组”①。

就已有研究来看，多数学者的分歧主要在于成语到底是词组还是短语，抑或短句。主流观点认为成语是词组，把“语”纳入词汇系统中，认为词汇系统既包括词，也包括语，其中，主体是词，语是词的等价物，性质和作用相当于一个词。

综合各家观点，我们认为：成语是熟语中的固定短语。熟语是“现成语”，包括成语、惯用语、歇后语、谚语、俗语、格言和警句等。

① 倪宝元，姚鹏慈．成语九章 [M]. 杭州：浙江教育出版社，1990：6.

二、成语的内涵

成语作为熟语中的固定短语，与其他熟语有何区别呢？

从书面形式来看，成语基本上是四个字，或者说四音节是成语的基本形式。

从色彩来看，成语具有明显的书面色彩，而惯用语、歇后语、谚语、俗语等则具有明显的口语色彩。

从来源、形成和运用来看，成语区别于其他熟语的特点之一还在于其历史性、文化性和习用性。成语大多有较久的历史，其产生多与古代的神话寓言、历史故事和诗文语句有关，而其他熟语的产生一般较晚。

从结构和意义来看，成语最明显的特点之一是定型性，这体现在两个方面：一是结构的固定性，即不能随便变换词序，也不能更换或增减其中的成分；二是意义的整体性，即它的意义往往并非其构成成分意义的简单相加，而是作为一个整体意义显示出来，如“九牛一毛”并不是真的在讲“九头牛身上的一根毛”，而是“比喻渺小、轻微，或很大数量中的极少数”，比喻义显示的是成语的整体意义。

基于以上这四点区别，我们对成语这样定义：成语是熟语中相沿习用、具有书面色彩、以四字格为基本形式的固定短语。

第二节　成语的特点与教学价值

一、成语的特点

成语有很大一部分是从古代相承沿用下来的，在用词方面往往不同于现代汉语，它可以代表一个故事或典故。成语是古代汉语词汇中特有的一种长期沿用的固定短语，来自古代经典或著作、历史故事和人们的口头故事。成语的意思精辟，往往隐含于字面意义之中，不是其构成成分意义的简单相加。它结构紧密，一般不能变换词序、更换或增减其中的成分。

一般来说，成语具有以下几个特点。

1. 结构的固定性

成语的构成成分和结构形式都是固定的，一般不能随意变更或增减成分。例如，“手足无措”不能改为“手脚无措”，“唇亡齿寒”不能改成“唇亡牙冷”，“胸无点墨”不能改成“胸中无一点墨”。此外，成语的词序也有固定性，不能随意更改。例如，“翻天覆地”不能改为“翻地覆天”，“汗马功劳”不能改为“功劳汗马”。

成语的结构一般都是固定的，大多数成语可以分成前后两部分，两部分的关系决定了结构的性质。如“耳濡目染”，分成“耳濡”及“目染”两部分，这两部分是并列的。“耳濡”“目染”各自又有主有次。

成语的结构大致可以分为几种类型：一是并列结构，前后结构相同，长短一致，形成对称的格式，如“七上八下”“桃红柳绿”“谋财害命”；二是偏正结构，前一部分是修饰后一部分的，如“雪中送炭”“栋梁之材”“参天大树”；三是主谓结构，前面的部分相当于主语，后面的部分相当于谓语，对前面的部分加以说明，如“黄婆卖瓜”“东施效颦”“愚公移山”；四是动宾结构，前面的部分是动词，后面的部分是受动词支配的对象，如“饱经风霜”“痛改前非”“大显身手”。当然还有其他结构的成语，如连动结构、兼语结构，等等。

2. 意义的整体性

成语在意义上具有整体性。它的意义往往不是其构成成分意义的简单相加，而是在其构成成分的意义基础上进一步概括出来的整体意义。如“河东狮吼”，从字面上理解是“河的东面有狮子在吼叫”，实际含义是“比喻悍妒的妻子对丈夫大吵大闹”。这个典故来源于苏轼的长诗《寄吴德仁兼简陈季常》，诗中极为生动地记述了柳氏凶悍、季常无奈的景况。后来，这个故事被宋代的洪迈写进《容斋三笔》中，广为流传。再如“兔死狗烹”，其字面意义是“兔子死了，猎狗就被人烹食”，实际含义是“给统治者效劳的人事成后被抛弃或杀掉”。还有一些成语容易使人望文生义，如“世界杯足球赛正在激烈展开，一到比赛日，几乎万人空巷，人们在家里守着电视机，街上显得静悄悄的”，这句话中的成语“万人空巷”就被人误用为“指巷子里静悄悄的，空无一人"，而其实际的意思则是"家家户户的人都从巷子里出来（观看或参加某些大的活动会），多用来形容庆祝、欢迎等盛况"。

3. 历史的沿用性

成语多是历代沿用下来、重要历史事件、古籍中的神话寓言或经典名言等。即使是民间俗语，也有不少是自古有之，它们被使用了上千年，故明显带有文言色彩。能流传至今者，均久经时间洗礼，都是千锤百炼的精彩之作。现存比较早的文献《春秋》中有250多个成语，《左传》中有500多个成语，儒家经典《大学》《中庸》《论语》《孟子》等有近千个成语。古代典籍中保留的成语沿用至今，这也是中华民族优秀传统文化的一种传承。

成语大都有一定的出处。如"狐假虎威"出自《战国策 · 楚策》，"自相矛盾"出自《韩非子 · 难势》，"画蛇添足"出自《战国策 · 齐策》，"刻舟求剑"出自《吕氏春秋 · 察今》等，这些都是古代的寓言；再如"完璧归赵"出自《史记 · 廉颇蔺相如列传》，"破釜沉舟"出自《史记 · 项羽本纪》，"草木皆兵"出自《晋书 · 苻坚载记》，"一箭双雕"出自《北史 · 长孙晟传》等，这些都是历史上的故事。

4. 形式的简洁性

成语的基本形式是四字格，但原文多是一段话语，这就需要改造原文，压缩成四字。这种格式较符合中国人成双作对的心理，容易上口，内容又含蓄丰富。例如，北朝乐府民歌《木兰诗》："雄兔脚扑朔，雌兔眼迷离；双兔傍地走，安能辨我是雄雌？"压缩成"扑朔迷离"。《诗经 · 国风 · 王风 · 采葛》："彼采萧兮，一日不见，如三秋兮。"压缩成"一日三秋"。

二、成语的教学价值

传承和弘扬中华民族优秀传统文化是语文教学的一个重要任务，成语教学是语文教学的一项重要内容。成语，体现出内蕴汉语词汇精华的含义，同时也是中华民族优秀传统文化的一种特殊载体。

成语在语文教学中的价值体现在以下几个方面。

1. 帮助学生提升识字与写字能力

《义务教育语文课程标准（2011 年版）》（以下简称“新课标”）关于识字与写字能力的要求，在每个学段都是放在第一位的，如第二学段（3 ~ 4 年级）要求“对学习汉字有浓厚的兴趣，养成主动识字的习惯”“有初步的独立识字能力。会运用音序检字法和部首检字法查字典、词典”；第三学段（5 ~ 6 年级）要求“有较强的独立识字能力”；第四学段（7 ~ 9 年级）要求“能熟练地使用字典、词典独立识字，会用多种检字方法”。所以语文课程最基本的目标就是先让学生对学习汉字感兴趣，再教会他们怎么识字、写字，并且要写对、写准。

成语是汉民族语言和文化的精髓，一方面，由于成语故事形象生动，我们可以通过成语教学帮助学生有趣味地学习汉字；另一方面，成语是汉语词汇的重要组成部分，它的这一特殊地位决定了我们重视成语教学是非常有利于提高学生的识字与写字能力的。

在不同版本的语文教材中都有关于积累与运用成语的要求，表现形式有“读读记记”“读读写写”“日积月累”“读读背背”“读一读,写一写”“字词积累”等。教师在引导学生学习这些板块的内容时，先要求学生通过查工具书明确成语的读音及含义，再让他们多读、多写，并用这些成语造句、写一段话等，最终达到会认、会写、会用的目的。

2. 帮助学生提高写作和语言表达能力

早在 20 世纪三四十年代，朱自清先生在《中学生的国文程度》中就指出，中学生写不通文言有四种情形，其中之一就是成语错误。新课标对第二学段（3 ~ 4 年级）的阅读教学要求是，“积累课文中的优美词语、精彩句段，以及在课外阅读和生活中获得的语言材料”；对习作教学要求是，“尝试在习作中运用自己平时积累的语言材料，特别是有新鲜感的词句”。重视成语教学，增强学生在阅读中积累成语的意识，让他们尝试在日常习作中灵活运用积累的成语，既可使得语言表达更加凝练，又能为文章增色不少。

在平时的教学中，教师要重视课文中的成语以及每个单元后补充的归类成语或成语故事，引导学生在理解成语含义的基础上造句，这样学生才能养成在平时写作中使用成语的习惯。在教材编写方面，每个单元后的习作练习应该提出恰当使用本单元所学成语的要求，这样学生才会有在作文中运用成语的意识。相比较而言，苏教版小学语文教材在这方面做得很好，在编排单元习作训练时，不仅提出了写作要求，还附带了一篇示范习作，一般都会使用成语。教师在引导学生进行作文练习时，可以让学生找出其中的成语，并且让他们说出这篇文章使用成语的好处，潜移默化地培养学生在自己的习作中使用成语的意识和习惯，从而提升写作和语言表达能力。

3. 丰富学生的文化内涵和语文素养

新课标指出："在语文学习过程中，培养爱国主义、集体主义、社会主义思想道德和健康的审美情趣，发展个性，培养创新精神和合作精神，逐步形成积极的人生态度和正确的世界观、价值观。认识中华文化的丰厚博大，汲取民族文化智慧。"成语不仅包含着丰富的文化寓意，还具有较高的历史文化价值，成语教学既可以丰富学生的文化内涵，又可以对学生进行正确的世界观、价值观教育，培养学生高尚的人格修养。

成语植根于广袤而深厚的华夏文化沃土，经过千百年来世代培育，生生不息，不仅是汉民族语言和文化的结晶，而且是传承中华文化的载体。苏教版小学语文四年级下册第六单元"练习 6"的"读读背背"中补充的成语"欲言又止""吞吞吐吐""闪烁其词""支支吾吾"等都跟说话有关，而且反映了汉民族对语言交际一贯持慎重态度，学生在学习这些成语的同时，还知道了"谨言慎行"是人们在交际活动中要遵循的一条重要准则。

从语文课程三维目标之一"情感态度与价值观"目标出发，通过成语教学对学生进行正确的世界观、价值观引导，促使他们形成良好的个性和健全的人格。许多成语及其故事都蕴含了丰富的人生哲理，且具有一定的教育意义，所以在学习成语的同时，引导学生领会其中的深刻道理，有助于学生的健康成长。如在学习人教版小学语文三年级下册的《和时间赛跑》这篇课文时，可以让学生搜集、积累有关珍惜时间的名言警句、成语，体会时间的意义，懂得珍惜时间的深刻道理。学了这篇课文，学生不仅明白了"假若你一直和时间赛跑，你就可以成功"的道理，还知道了许多珍惜时间的成语，如文中的“光阴似箭，日月如梭”和“一寸光阴一寸金”，还可以拓展出“时不我待”“白驹过隙”“分秒必争”以及一些反映珍惜时间的成语故事等。学生在明白了道理的同时，还掌握了丰富的词汇，在语言和情感方面都有所得。苏教版小学语文四年级下册第四单元“练习 4”的“读读背背”中补充的成语有“白衣天使”“救死扶伤”“众志成城”等，这些成语容易使人联想到汶川地震中的志愿者，他们冒着生命危险拯救那些被埋在废墟里的伤员，他们的品质是高尚的，由此可对学生进行正确的世界观、价值观教育，培养学生高尚的人格素养，这对我国加强社会主义精神文明建设来说，毫无疑问是有重要意义的。

第三节　成语文化及其社会价值

一、关于成语文化

语言与文化的关系非常密切。美国语言学家爱德华·萨丕尔认为：“语言的背后是有东西的，而且语言不能离开文化而存在。”邢福义在其主编的《文化语言学》一书中曾指出语言与文化之间的关系：“语言是文化的符号，文化是语言的管轨。好比镜子或影集，不同民族的语言反映和记录了不同民族特定的文化风貌；犹如管道或轨道，不同民族的特定文化，对不同民族的语言的发展，在某种程度、某个侧面、某一层次上起着制约的作用。”① 成语作为汉语特有的一种语言形式，其必然也蕴含和反映了我国深厚的民族文化，比如，以四字格为基本形式的成语体现了汉语与汉文化庄重典雅的特点，符合汉文化中“以偶为佳”“以四言为正”的审美要求。再如，成语作为相传习用的固定短语，体现了我国悠久的历史文化，而且从古代寓言、神话传说或历史故事中浓缩而来的成语保留了原文的精华，最大限度地向人们展示了我国优秀历史作品。

鉴于成语与文化之间的密切关系，莫彭龄教授首次提出了“成语文化”这一概念，他认为，成语“是语言文化的精华，是语言文化的‘活化石’，

① 邢福义．文化语言学 [M]．武汉：湖北教育出版社，1990：序 1．

也是语言文化的'全息块'"[①],是一种巨大的可以开发利用的语言文化资源，"成语文化"这一概念是指从文化方面来全面、系统地研究成语，是在语言和文化结合的基础上研究成语。唐莉莉认为，成语文化"主要是指成语中反映出来的民族心理文化"[②]。武卓认为,"成语与文化的研究，就是要从成语来看中国传统文化，更深层次地挖掘成语中体现的中国文化的特征和核心，核心即民族灵魂"[③]。冯寿忠在《成语文化及其研究的价值原则》一文中认为，成语文化有"成语的文化"和"文化的成语"两种内涵，前者是指蕴含于成语中的文化，就其外延而言，只有那些被凝练到成语中成为成语意义内容的文化元素，才是所谓的成语文化；后者是指作为文化载体的成语本身，也是一种文化现象，其外延是与成语的外延相当的。[④]就已有研究来看,学术界对"成语文化"这一概念尚未形成共同认可的明确的定义。

基于已有研究对成语和成语文化的介绍，我们从内涵和外延两方面来理解"成语文化"的概念。从内涵来看，成语有着丰富的文化内涵，如成语中的语音、词汇、语法、修辞、人物、植物、动物、器物、景物等都蕴含着丰富的汉文化元素；从外延来看，成语的应用往往带有浓厚的文化色彩，即借助成语文化这一资源，让它服务于语言、政治、经济、文化、教育等，如借助成语中蕴含的做人的道理进行道德教育，利用成语进行语文教学，将成语与电影、戏曲、雕塑等文艺形式相结合，创造经济效益和文化效益等。

二、成语文化的社会价值

成语文化是汉民族语言文化的精华，是中华优秀传统文化的重要组成部分。在几千年中国文化发展的历史进程中，成语这一独特的文化始终引领社会发展的主流价值取向。中华人民共和国成立近70年来，在社会主义先进文化的引领下，成语文化更彰显出了符合时代特色的正确的价值观念。

① 莫彭龄．汉语成语新论[J].江苏社会科学，2000(6)：181-184.

② 唐莉莉．汉语成语的文化观照——成语中的心理文化及成语的文化应用[D].曲阜：曲阜师范大学，2003：1.

③ 武卓．汉语成语体现的中国传统哲学精神[D].天津：天津大学，2005：50.

④ 冯寿忠．成语文化及其研究的价值原则[J].常州工学院学报(社科版)，2011，29(1)：59-64.

首先，成语文化是优秀传统文化最为典型的体现。成语多源于神话、传说、寓言、典故，并记载于古代诗文名篇和文化典籍中，世代相传。一部《成语大词典》，一部《中华成语探源》，其实就是中国文学史、中国文化史和中国历史的写照，其中详细记载了每个成语的释义、出处，以及不同历史时期不同国学典籍中的成语的意蕴、历史典故。可以这样说，成语文化是中国传统文化的“缩影”“活化石”，是中华优秀传统文化的典范。

其次，成语文化和社会主义核心价值观相辅相成，关系密切。成语文化作为中华优秀传统文化的重要组成部分，包罗万象，意蕴深厚，是社会主义核心价值观的重要思想来源和理论支撑，承载着社会主义核心价值观教育的重任。社会主义核心价值观孕育于中华优秀传统文化，其思想启蒙在成语文化中得以充分体现。如作为中华优秀传统文化典型的儒学思想，其所倡导的“仁”“义”“礼”“信”“和”等价值取向在成语文化中有充分体现，与之对应的成语如“仁者见仁”“舍生取义”“文质彬彬”“一诺千金”“同舟共济”等，在社会主义核心价值观中体现为“友善”“公正”“文明”“法治”“诚信”“和谐”等。同时，社会主义核心价值观并不是对成语文化的简单继承，而是面向未来，面向世界，充分吸纳了当今世界优秀文明成果，实现了对成语文化的创新。

成语文化可以与社会主义核心价值观教育相互融合，相得益彰。社会主义核心价值观的教育，不能仅仅停留在会背诵的层面，而是应该内化到思想层面，落实到行为层面。学校可充分利用成语的特点开展丰富多彩的教育活动。成语典故内涵深刻，能够提供鲜活的案例；成语语言结构相对固定，能够给教育提供美育元素，让人们在欣赏成语语言魅力的同时，潜移默化地接受社会主义核心价值观的教育。同样，社会主义核心价值观教育能引领成语文化的弘扬。社会主义核心价值观不是凭空产生的，它是对中华传统文化的凝练，有传承，也有创新和发展。社会主义核心价值观是道德行为的规范，是当代中国先进文化的集中体现。

第二章

成语文化课程的理论概述

第一节 成语文化课程的理论基础

一、关怀教育理论

随着新课程改革的不断深入，当前社会发展正从“知识核心时代”步入“核心素养时代”,学校教育迫切需要得到进一步的发展和超越。我们认为，学校教育既不能过度填满学生的生活空间，也不能给学生的人生画上句号，而应使其获得全面、终身、可持续的发展。因此，在深入学习与研究成语文化的过程中，我们不断聚焦学生未来成长所需要的必备品格和关键能力，综合各类课程理念与教育主张，提出学生生命成长是成语文化课程的首要价值，同时把提升学生的生命质量、促进学生的精神发展作为成语文化课程建设的价值追求。由此可见,关怀教育理论在成语文化课程体系的构建中，奠定了生命哲学的理论基础。关怀教育理论强调，在教育过程中，学校和教师要作为关怀者来关怀学生，并以学生生命成长的需要为关怀的基础，通过与学生建立关怀的关系，促进学生健康成长。

首先，关怀教育理论强调对学生个体生命完整性的关注。关怀教育理论认为，个体生命不仅是自然生命与精神生命的统一，同时也是物质生命和价值生命的统一。在传统应试教育理念的侵袭下，学校教育变成了唯功利性和唯理性的教育，如同功利主义“天然地具有排斥那些使人视界开阔、目光远大、灵魂丰满的东西的倾向，天然地排斥批判性、创造性思维，排斥与此密切相联的无私的好奇心、知识上的冒险意识和反独断的探索精神”[①]一样，对功利的追求使得学校教育无情地撇开了学生的精神生命与价值生命,这种将学生个体生命发展的需求“让渡”他者的做法背离了本真的教育。关怀教育理论要求人们彻底反思长期以来的传统应试教育理念，指出未来

① 肖雪慧．教育：必要的乌托邦[J]. 社会科学论坛，2000（7）：20-26.

所需要的并非成堆的知识分子，而是大量受过教育的人——会感觉、会行动，也会思考的人。关怀教育理论的主张让我们深刻地意识到，一直以来，教育的焦点都是集中在个体生命的社会价值上，仅关注学生个体生命的社会属性，把个体生命看作社会的存在，以致不择手段地让学生尽可能多地掌握书本知识，成为社会所需要的人才，却忽视了对学生个体生命完整性的关注，即个体对价值、精神和情感的追求。在关怀教育理论的观照下，我校成语文化课程的根本目的不是让学生掌握成语的来源与用法，而是给予学生全面的关怀，让学生学会透视成语背后的文化意义，同时接受我国优秀传统文化的熏陶和影响，从而树立高尚的人格品质，学会关心，最终促进学生个体生命的健康成长。

其次，关怀教育理论认为，以往的教育脱离了学生的生活世界，这种脱离学生生活世界的教育造成了教育的异化，使教育游离于人生意义之外，以致泯灭了学生的主体性、压抑了学生的个性和创造性等生命本色。人始终处于生活世界之中，这一世界是人的世界，与人有着千丝万缕的联系。教育的对象是人，是处于生活世界之中的人，所以，教育应该贴近生活世界。如同关怀教育理论强调的那样，教育应贴近人的生活世界。一方面，关怀教育理论主张要尊重学生已有的人生经验。因为走进任何一所学校的任何一间教室，“你都会发现，孩子们来自千差万别的家庭。有的孩子父母双全都在工作；有的孩子来自单亲家庭；有的孩子拥有同父异母或同母异父的兄弟姐妹；有的孩子与兄弟姐妹毫无血缘关系……”① 可见，学生在接受学校教育之前，都已经有了各自不同的人生经历。具有不同经历的人对社会和人生的感受是不同的，他们选择的生活方式、希望接受的教育方式也是不同的。另一方面，关怀教育理论主张教育的过程要贴近学生的生活世界。首先，在课程内容的选择上，以“关怀”为核心，贴近学生的生活世界，引导学生学会关心，不但关心自己、关心周围的人，同时也要关心周围的事物和环境等。其次，在教育方法上，通过建立关怀型的师生关系，将学校的教育情境与社区生活紧密联系起来，使学生的学习、成长过程都能够融入真实的生活世界。我

① ［美］内尔·诺丁斯．学会关心——教育的另一种模式[M]．于天龙译，北京：教育科学出版社，2003：6.

校提出的成语文化课程在一定程度上依托于常州这座有着语言研究光荣传统的城市，同时，江苏省中华成语研究会作为全国唯一专门研究成语文化的省级社团，是落户常州的极少数省级社团之一，这为我校成语文化课程的开发与实施提供了丰富的物质基础和众多专家学者的支持。

此外，关怀教育理论还指出，教育内容的选择应该围绕这样一条线索：它能够贯穿起我们生命最本质的部分，连接那些我们真正重视的东西——激情、态度、连续性、忧患、责任感。因此，我校成语文化课程内容的选择是对正向价值观的传递，如成语“天下兴亡，匹夫有责”表达了中华儿女以天下为己任、忧国忧民、爱国爱民的豪情壮志；“推己及人”体现了博爱大众的利民精神；“浩然之气”展现了以培养正气为目标的道德修养；“卧薪尝胆”体现了自强不息、积极进取的精神；“居安思危”体现了民族忧患意识；“先人后己”展现了谦敬礼让的精神……我校成语文化课程正是立足于关怀教育理论、致力于传承普世价值观和我国优秀民族文化的校本课程。

二、认知隐喻理论

1980 年，美国的莱考夫和约翰逊共同出版了《我们赖以生存的隐喻》一书，标志着认知观的隐喻研究全面开始。与隐喻理论的传统观念相比，认知隐喻理论独辟蹊径，提出隐喻不仅是语言修辞手段，也是一种思维方式，即隐喻概念系统，并对传统的西方哲学及语言学的语义理论提出了挑战。莱考夫和约翰逊认为，隐喻渗透于日常生活，不仅渗透在语言中，也渗透在思维和生活中。我们借以思维和行动的普通概念系统在本质上基本上是隐喻的。这就是说，隐喻在生活中无处不有，无时不用。它一方面在日常语言中居于中心地位，另一方面影响着人的思维方式。

以莱考夫为代表的生成语义学派从认知的角度指出，隐喻是人类最重要的思维方法，它直接参与人类的认知过程，是人类存在的基本方式。人类的认知离不开自身的体验和日常的生活经验，隐喻同样如此。例如，“我们走进了死胡同”“天无绝人之路”等日常用语用来表示非本义的时候，它们蕴含的意义往往都是隐喻的意义。在日常生活中，人们往往参照熟知的、具体的概念来认识、理解陌生的、抽象的概念，形成一种不同概念之间相互关联的认知方式，这种方式就是隐喻。隐喻让我们通过内容相对具体、结构相对清晰的概念去认知和理解那些内容相对抽象、缺乏内部结构的概念。由此可见，隐喻不是语言的表面现象，而是深层的认知机制，组织我们的思想，形成我们的判断，使语言结构化，从而产生巨大的语言生成力。成语是概念系统的产物，成语的意义是从我们对客观世界的一般认识中产生的，是有理有据的，虽然从构成一个成语的各个词的意义还不能直接推测出整个成语的总的意义，但其中某些词与构成这个成语的总的意义的认知机制有关，构成成语的各个词及其句法特征和意义组成这个成语的形式和字面意义，形成一个或多个概念域，这些概念域通过认知机制的作用与成语的总的特殊意义联系起来。在这里，起作用的认知机制常常是隐喻、换喻和常规知识，根据这一认知机制，我校在成语文化教学中归纳出"以字联语"这一具体的教学方法。

汉语本身蕴藏了丰富的隐喻，而成语中的隐喻表达方式尤为突出，积淀了我国汉民族的感情、思维、文化和价值观特征。对汉语成语隐喻的研究可以追溯至英国的 C.A.S. Williams，他经过 17 年的研究，于 1920 年出版了 *A Manual of Chinese Metaphor*（*Being a Selection of Typical Chinese Metaphors, with Explanatory Notes and Indices*），书中指出汉语成语的隐喻特别丰富，大多以四字格表达，他试图通过对这些四字格成语的分析，阐明中国古代思想的形成、变化和现有的用法，研究表明学好隐喻是掌握汉语成语的关键。罗瑞球在《概念隐喻理论和汉语成语运用中的隐喻性思维结构》中认为，汉语成语具有定型性特点，人们使用成语的思维过程，就是将成语及其包含的篇章内容作为一个概念整体激活，映射到新的语言环境所形成的整体概念上去，这种结构存在于成语使用者的思维过程中，是来源域和目标域之间的映射和互动。由此可见,认知隐喻理论有力地推动了汉语成语的理论研究，同时，通过分析成语中各种意象的独立具象和事件具象，不仅有助于人们掌握各种意象的取象规律，如归纳出成语中"头"具有"顶部或前端""上游或起始""最，第一""条理"的隐喻义，了解"头、臂"隐喻能力，"头、脸"隐喻身份，"头、脑"隐喻思维能力或来由，"头、尾"隐喻前后、始终、相互等，而且有助于人们理解汉民族特有的思维方式，认识汉语中各种意象符号和文化符号的意义，系统掌握成语背后的意象意义和文化意义。

隐喻从根本上讲是一种认知现象，它是人类用某一领域的经验用来说明或理解另一领域的经验的一种认知活动。隐喻思维有助于人类认识事物，建立概念系统。它在语言和认知之间起到重要的桥梁作用，是我们认识世界和促使语言发生变化的重要手段之一。在成语文化教学中，正确而全面地理解成语意义至关重要。如果不把成语的深层意义解释清楚，只是点到为止，学生一知半解，那么正确运用成语也就无从谈起了。因此，我们将意义作为成语文化教学中的重要内容。此处的意义是指字面意义和深层意义之间的关系。理解成语的意义，与认知隐喻机制的运用有着密切的关系，采用“以今联古”“以文联理”“以实联虚”等具体教学方法来引导学生理解成语的意义，是认知隐喻理论在我校成语文化教学实施中的实践和运用。

三、认知负荷理论

1988年，澳大利亚认知心理学家约翰·斯威勒首先提出了认知负荷理论，并将认知负荷分为外在认知负荷、内在认知负荷与相关认知负荷三种类型，着重研究学习内容及教学法对学习者概念获得与认知层面的影响。他所提出的认知负荷理论对人类认知结构有四项基本假设：第一，工作记忆的容量是有限的，对于新信息的接受，必须依赖工作记忆对信息有更深入的认识并进行意义建构，使之转换为长时记忆；第二，长时记忆指保持信息长期不忘的永久记忆，而长时记忆的容量是无限的；第三，长时记忆中的内容主要以图式的形态储存，图式除了在长时记忆中具有储存及组织信息的功能外，也可降低工作记忆区的负荷；第四，图式应用的自动化是图式建构的重要过程，经过充分的练习可以将图式自动运用，进而降低工作记忆区的负荷。认知负荷理论强调，教学设计的首要目标在于图式的建构及自动化，如何降低信息在工作记忆区中的难度，以达到图式的建构目的，是认知负荷理论所关心的焦点。近年来，认知负荷已被认为是教材设计过程中的重要考虑因素，特别是在科学、几何学、语言学及统计学的教学上。成语的数量十分庞大，大而言之，成千上万个成语的背后有着丰富灿烂的“成语文化”；小而言之，几乎每一个成语都有其“文化背景”。用历史的眼光看，每一个时期都有文化的精华以成语的形式沉淀下来，流传至今。据肖竹声先生统计，在《汉语成语词典》中，注明来源出处的四字格成语约有4600个，其中源于上古到秦汉时期的有3128个，约占68%；源于魏晋南北朝时期的有690个，约占15%；源于隋唐时期的有414个，约占9%；源于宋代的有276个，约占6%；源于元明清的有92个，约占2%。[①] 面对如此庞大的成语群，认知负荷理论所提出的观点可以为成语文化课程的教学设计提供新的思路，因此，我校基于这一理论，对成语文化课程的教学内容和教学方法开展了理论和实践研究。

首先，内在认知负荷并不会因教材呈现方式的不同而改变，它主要是受到教学中组件间相关联的程度（也就是教材内容本身的难易程度）的影响。因此，在成语文化教学中，教师可对学习任务的情况进行监控，从而提高学习者对新信息的加工效率。学习任务难度大，类型复杂，学习者的认知负荷水平就高，反之，其认知负荷水平就低。四字格成语虽然形式简单，但其语音、意义及语法功能都是学生掌握成语的必要内容，学习任务比较繁重，如果课堂教学处理不恰当，就会增加学生的内在认知负荷。因此，在呈现任务阶段，教师可以利用文字卡片、图片、多媒体等技术手段将成语中语素的字形和字音单个依次呈现，化整为零，让学生对成语的外部形式有初步印象；在解释成语阶段，教师可借助成语的来源和文化意义让学生体会成语的用法，由此可以有效地降低学生在成语文化学习过程中的内在认知负荷。

其次，外在认知负荷是指因教学内容呈现方式的不同而对信息接收者造成的不同程度的负荷。外在认知负荷是认知负荷理论的核心，借由数据呈现、信息组织等方面的设计，可以控制外在认知负荷，所以课程设计者应致力于降低外在认知负荷，让学习者更能善用有限的工作记忆区来处理与学习内容相关的信息。换言之，如果呈现的教学素材不合理或素材的呈现方式不科学，就会占用更多的认知资源，从而导致学习者外在认知负荷的增加。就成语文化教学而言，如果以单一方式即可明确地呈现成语意义，如采用“以今联古”的方式学习成语释义，就不必增加其他信息，以免占据学习者的

① 肖竹声．四言成语的两项小统计[J]．中国语文天地，1987（5）：29-30.

记忆空间。

再次，相关认知负荷是指通过教学设计以吸引学生专注于学习内容的认知过程或图式建构。学习者的认知投入对学习效率也有一定影响。一些学生主观上认为成语比较难学，一用就错，因此经常在交际中采用回避策略，导致其学习动力不足，学习态度懈怠，对成语的关注度不高，这样的话，即便降低了学生的内在和外在认知负荷，学生的学习效率仍然不会有明显的提高。因此，教师可采用一些方法和技巧激发学生的学习动机，以增加学生的相关认知负荷，如通过成语儿歌操来增强成语文化教学的趣味性，缓解学生的焦虑情绪，从而让学生对语言现象更感兴趣，提高成语学习的自信心。

第二节　成语文化课程的相关概念与特征

一、成语文化教学的概念

成语在形式和内容上的特点使得成语文化与学校教育相结合具备了可行性。从形式来看，成语大多数是四字格，这种形式符合人的认知心理特点，易学易记。从内容来看，成语言简意赅，信息量大，既有成语中单字传递的文字信息，也有成语本身的语义信息；既有由文化背景所传递的文化信息，也有成语中蕴含的思想和哲理信息。鉴于此，我校提出了“成语文化教学”的“成语+”教学模式。“成语文化教学”主要是探讨成语文化在教学中的应用，是将成语文化作为一种教育教学资源，服务于学校教育。其中有两点需要注意：一是“成语文化”不同于成语，二是“教学”不单单指语文教学。

我校提出的“成语文化教学”的“成语+”教学模式是指以成语为切入点，与相关的教学内容建立联系，既教授成语，又教授相关知识的一种教学模式。这种教学模式具有比较稳定的教学活动元素：首先，都是从成语切入指向教学目标；其次，都是从传统文化中汲取教学养分；再次，都有着学成语与学知识同时进行的功效。根据具体知识点的不同，我们可以将成语文化教学分为成语文化识字教学、成语文化书法教学、成语文化作文教学等。当然，也可以将成语文化教学与数学、科学、信息技术相结合，形成成语文化计算教学、成语文化种植教学等。以成语文化识字教学为例，其基本思路是从成语切入来识字，具体的操作方法是“以字联语”“以语联字”。“以字联语”即先讲某个汉字，再从汉字联系到相关的成语。比如，先讲“人”字从甲骨文、篆书、隶书到楷书的演变，再讲含有“人”字的成语，如“人山人海”“人强马壮”“人仰马翻”“人见人爱”等。“以语联字”即先讲某个成语，再从成语联系到相关的汉字。比如，先讲“人山人海”，再讲“人山人海”中的“山”和“海”字。这种教学模式不仅使学生多学习了一部分汉字和成语，而且传授给了学生迁移的学习策略，还有利于学生汲取中华优秀传统文化中的教学养分，激发学习成语的兴趣。

二、成语文化课程的概念

文化是课程的母体，文化不断建构着课程；课程作为一种文化，它具有文化本性，并不断创新着文化。

诚如莫彭龄教授所言，成语“是语言文化的精华，是语言文化的‘活化石’，是语言文化的‘全息块’”，成语文化反映了中华民族的主体精神和意愿，体现了汉民族的心理特征、思维模式、生活和行为方式，是中华民族在千百年传承中不断选择和优化的优秀文化。让学生生活在具体的成语文化情境中，让成语文化以学生喜闻乐见的方式存在于学生生活之中，使学生生活世界里丰富而广泛的一切人、事、物，以及联结这些人、事、物的连续或非连续的过程与情境都蕴含和承载着成语文化，将对学生的健康成长产生重要的作用。成语文化课程是与学生文化背景相适宜的课程，在关怀教育理念、认知隐喻理念、认知负荷理论等理念的引领下，构建成语文化课程是我校发展的必然需求。

成语文化课程是根据学生发展的需求，以我国汉民族优秀成语文化为主，并兼顾其他民族或地区的优秀成语文化，遵循学生生活世界和健康成长的要求，在合理、适当的选择下，进行有机融合和组织的、有益的教育性经验。成语文化课程的开发与构建应做到以下几点。

第一，成语文化课程内容是有选择性的。我国成语数量庞大，每一个成语背后都有其产生的“文化背景”，因此，成语文化课程内容必须对成语文化进行适当的选择，选择有益的、优秀的、适应当代社会发展的成语文化，去除无益的、有害的成语文化。

第二，所选择的成语文化必须符合学生的发展需求，能促进学生健康、幸福成长，能优化和提升学生的生命质量。

第三，在选择汉民族优秀成语文化的前提下，还应考虑到与其他民族或地区优秀成语文化的统整，以培育学生的多元文化能力。

第四，将成语文化广泛渗透于学校课程之中，包括学科课程与活动课程、分科课程与综合课程、必修课程与选修课程、显性课程与隐性课程等。

第五，成语文化课程的资源建设应充分体现成语文化的内涵，符合学生的发展需求。

三、成语文化课程的特征

成语文化课程是旨在对相应民族、相应地区、相应历史的成语文化进行研究和传承的一种课程体系。它立足于相应的地域，深入当下的生活，分析当地的成语文化，经过挖掘、分析、整理，选择适宜的、有益的、能促进学生发展的部分纳入学校课程体系中。因而，我校成语文化课程的特征主要表现为传承性、融合性、开放性、民族性。

1. 传承性

成语文化作为语言文化的“活化石”，传承了千万年的民族文化，因此，传承性是成语文化课程的内部特征。雅斯贝尔斯说：“历史是不可或缺的教育因素。它让我们熟悉自己的过去、熟悉民族和人类的生活，由此我们可以理解人类的所作所为。”[①] 教育承担着继承和发展人类优秀文化的责任，课程必然也担负着继承和发展人类优秀文化的重任。成语文化课程的传承性主要表现在以下四个方面。

第一，对成语文化知识的传承。成语中的语音、词汇、语法、修辞等包含了大量丰富的知识，掌握这些知识有利于学生进一步独立地去探寻和学习更多的历史知识、文学知识和社会生活知识。成语文化课程以成语文

① [德]雅斯贝尔斯．什么是教育[M]．邹进译，北京：生活·读书·新知三联书店，1991：56.

化为课程资源，是对成语文化中优秀知识文化的继承。

第二，对中华民族优良生活方式和行为、优秀精神和信念等的传承。成语文化课程通过优秀的成语文化让学生进一步认同民族文化，认同中华民族优良的生活方式和行为、优秀精神和信念等，从而培育学生的民族情感和民族精神。由于小学生正处于各方面发展的关键时期，培养学生的文化根性必须从儿时做起，只有成为民族人、中国人，才可能真正成为现代人、世界人。

第三，对各民族、各地区、各时期优秀教育经验的传承。各民族、各地区和各时期的民众在长期教养儿童的过程中总结了大量的教育经验，虽然其中也存在很多不适合时代发展需要，甚至有悖时代精神的，但还是有着大量优秀的教育经验值得学校借鉴和学习。

第四，对成语文化优秀研究成果的传承。常州市作为全国唯一拥有专门研究成语文化省级社团的城市，身处其中的我校应借鉴、学习、实践并宣传成语文化研究成果，以体现我校所担负的社会责任。

2．融合性

我国成语文化研究虽已有三十年左右的时间，但是对成语文化与学校教育的结合仍缺乏深入的理论认识及成果指导，因此，从一定程度上来说，我校成语文化课程的开发与实施具有很强的创新性。在开设之初，成语文化课程具有极强的包容性，通过秉承文化差异共融、尊重差异和表现差异的方式，以不同的侧面、站在不同的立场理解人类的文化。换言之，我校成语文化课程以“融合”“理解”等为重要理念,促进课程与教师、课程与学生、课程与环境之间的融合。

第一，课程与教师的融合。成语文化课程定位为校本课程，将充分发挥教师的主体性，使教师与课程研发形成良性互动机制，以达到教师研制课程，课程体现教师的教育智慧，并努力达到教师与课程视界相融合的境界。

第二，课程与学生的融合。我校成语文化课程不仅仅指向语文等文科课程，而是以多领域融合的方式进行课程内容的选定，打破独立学科领域的壁垒，遵循学生生活是一个整体的观念，促进学生生命的整体性、全面性发展。

第三，课程与环境的融合。成语文化是一种与环境共生的文化系统，气候、地理、植被、物产、山川、河流等无一不影响着成语文化，民众的生活、行为无一不体现着成语文化，成语文化在一定程度上是学生生活之中的文化，所以我校成语文化课程是与环境连成一体的，我校也致力于成语文化平台、环境的打造和共同体资源的建设。

3．开放性

后现代课程观认为，课程是一个开放的系统，这个开放的系统与外界不断进行着资源的交换，使得课程体系不断发展和更新。成语文化课程以成语文化为课程资源，具有极大的开放性，具体体现在以下两方面。

第一，课程文化观念的开放。我国课程目前实施三级管理模式，这为学校校本课程的开发提供了一个开放的生长环境。社会的发展以及多元文化的冲突，使得课程文化多元化的观念不断发展壮大，成语文化课程就是在这种开放的环境中应运而生，以承认多元文化自身独特价值为特征。

第二，课程体系的开放。我校成语文化课程一改课程专家独立研究的局面，吸纳和鼓励教师、学生、家长、社区其他人员共同加入课程开发的行列；课程目标体现计划性和动态生成性相统一，强调目标的生成过程即课程的运行过程；课程内容以广大的社会文化背景为支撑，引导学生运用成语文化去探究生活场景中的事物；课程实施途径立足于构建学校、社区、家庭为一体的开放性教育环境，拓展课程实施的场所，利用多领域人士的帮助，追求多样的、感性的方式方法；课程评价强调主体多元、标准多元、方法手段多元、评价过程化等。

4．民族性

美国学者露丝·本尼迪克特认为，文化“是通过某个民族的活动而表现出来的一种思维和行动方式，一种使这个民族不同于其他任何民族的方式”。我国各民族文化尤其是汉民族文化是我们构建课程的源泉，成语文化中所蕴含的中华民族的性格、爱好、情感、道德、审美、礼仪、精神、行为模式、价值观念、心理素质、心理意识等是成语文化课程开发所需依托的课程内容和资源，挖掘成语文化中蕴藏着的合理内核，选取适宜的素材，通过创造性的加工使其进入学校成语文化课程体系。成语文化课程反映了成语文化中的民族意识、民族特质及民族心理，是培养学生民族文化认同感的重要途径。

第三节　成语文化课程的教育价值

成语文化课程的教育价值是指成语文化课程的决策者、设计者、实施者及学习者的需要同成语文化课程的属性之间所体现的满足与被满足的关系。从价值融合说来看，成语文化课程的教育价值指主体与客体之间在相互联系、适应、依存、作用及影响的互动关系中所产生的效应，既包括成语文化课程对主体的效应，也包括主体对成语文化课程的效应。成语文化课程的教育价值涉及课程、人、社会、自然等方面。下面主要论述其在提高学生语文素养、弘扬民族文化精神、增强民族凝聚力方面的价值。

一、成语文化课程对提高学生语文素养的价值

1. 成语文化课程可以提升学生的审美情趣

审美教育是通过文学艺术及其他审美对象对人的影响，以唤起美感的方式对人进行的特殊教育，其目的在于陶冶性情、美化人生。成语作为中华民族几千年文化的结晶，其中更是折射出了丰富多彩的美学内涵。成语既有氤氲和谐、优美悦耳悦目的“外形美”，又具有真善美统一的“内在美”。在吟咏、研习中能激发学生无限的遐想和深刻的感悟。比如，“云蒸霞蔚”“月朗星稀”“水木清华”等成语能让学生体会到令人敬畏的自然美，“卑以自牧”“毁家纾难”“不耻下问”等成语能让学生体会到纷繁复杂的社会美，“玉润冰清”“嫣然一笑”“顾盼神飞”“明眸善睐”等能让学生体会到人的特质美，等等。因此，在成语文化课程中，成语文化

教学无疑是培养学生审美情趣、提升学生审美品位的重要途径，它能使学生从成语学习中感受到美的情感的脉搏、美的文化的律动，怡情养性，从而提升学生的审美情趣。

2. 成语文化课程可以提高学生的联想能力

成语作为一种语言、一种文化符号，无论其结构还是内涵都常常与人的思想、情感、生活和行为连接在一起，一个成语往往就是一个故事、一种智慧、一种情感、一种思想。学习成语，不仅要有整体的分析，更要有整体的感悟。因此，把一个成语置于特定的语言环境中，往往能引起学生的无尽思索，激发学生的联想。根据成语文化课程的这一教育价值，莫彭龄教授提出了“成语联想教学法”，即“用‘成语’这种特殊的语言材料通过联想来进行语文教学的一种方法。它不是成语在语文教学中的简单运用，而是成语教育功能的系统开发和利用”[①]。比如,成语“狐假虎威”的意思是依靠别人的势力欺压人,由此请学生联想与“狐假虎威”的含义相近的成语,学生纷纷给出答案：借花献佛、借刀杀人、善假于物……此时教师可以再抓住“善假于物”这一成语展开联想教学，得到“草船借箭”“曹刿论战”等成语，由此可以提高学生的联想能力和成语运用能力。

3. 成语文化课程可以提高学生的阅读兴趣和写作能力

成语是语言文化的“活化石”,有着几千年的文化积淀,通过成语教学，可以不断提升学生的阅读兴趣和写作能力。根据皮亚杰提出的认知发展理论，大多数小学生处于认知发展的具体运算阶段，喜欢故事或故事性较强的文章是这一年龄段儿童的特点，而大部分成语来自古代的历史事件、典故或神话传说。通过这些故事性很强的成语，成语文化课程可以不断吸引学生的注意力，激发学生的阅读兴趣，从而使学生从“好之者”变为“乐之者”。与此同时,成语在几千年的历史发展中所凝结的思想光华,可浸渍、涵养学生深邃、透彻、圆融的思维特点，砥砺学生的思想，激发学生的写作兴趣。比如，利用成语编故事，让学生根据成语的故事原型，展开合理

① 莫彭龄. 试论“成语联想教学法”[J]. 常州工业技术学院学报(社会科学版)，1996，9(3)：61-65.

的想象，延展故事的情节，进行形象生动的叙述描写，形成一个完整的历史故事。

二、成语文化课程对弘扬民族文化精神的价值

中华民族生生不息，代代流传，其根本原因在于它植根于成熟的、充满生机的、具有独特个性的民族文化传统。文化传统是一个民族精神的积淀，具有延续性和传承性，离开了传统文化，民族精神就无从谈起。语言是一个社会共有的历史文化遗产，是社会习俗的产物，而成语是语言词汇中不可或缺的组成部分，汉语成语独特的历史性、定型性、浓缩化的特点使得整个成语系统比一般词汇更能完整地表现出汉民族的文化内涵。汉语成语作为汉民族文化的载体、中华民族几千年文化积淀而成的结晶，准确而生动地表现了汉民族文化的基本内容，其蕴含的价值取向、心理结构、思维方式、审美情趣，浓缩了古人的道德操守、情感世界、智慧经验等，是古人的生活经历、情感和智慧的写照，是古代文明的缩影。因此，通过成语文化课程可以挖掘成语中所蕴含的中国文化，进一步展现我国五千年灿烂的文明，用中国传统文化的优秀因子塑造学生人格中的民族文化精魄。

此外，民族精神是民众在长期的生产生活和历史进程中积淀下来的民族意识、性格、习俗、信仰、情感、价值观念和理想追求中所蕴含的共同特质，民族精神体现了一个民族的精神信念和思想精华，是民族生命力、创造力以及凝聚力的集中表现，是民族赖以生存、共同生产生活、共同发展繁荣的核心和灵魂。民族精神是各个民族对人类文明的共同选择，是人类特定的文化现象，是推动人类社会进步的重要力量。民族精神可以以成语文化为载体来表现各民族独特的生存方式、生活智慧、思维方式、心理特征、心理意识、道德规范、价值观念和文化意识等，如成语文化所传承的爱国主义思想、为人民服务精神、中国优秀传统道德规范、杰出人物的崇高品质等，这些传统美德是经过历史的筛选而积淀下来的，它们构成了我们民族精神的核心，凝结了我们民族的智慧和力量，体现了我们民族的理想和追求。因此，以成语文化作为课程资源，以成语文化丰富的意境为基础，有机融合普适性知识，构建成语文化课程，既能传承民族优秀文化，同时还能激发民族

自豪感，传承民族精神，增强民族凝聚力，使学生热爱我们祖国灿烂的文化，继承中华民族的传统美德。这不仅是国家和民族发展的需要，也是全球化发展和人类社会可持续发展的必然要求。

三、成语文化课程对增强民族凝聚力的价值

课程的核心目的是育人，成语文化课程的核心目的仍然是育人。同时，因成语文化的独特性，成语文化课程产生了独特的育人效果，主要包括两方面：一是增强了学生的文化认同感，二是增强了学生的民族认同与国家认同意识。

自20世纪中期以来，文化认同问题一直受到学术界的关注，其中，鲁恂·W.派伊意识到了多民族国家内部文化认同、民族认同及国家认同之间的矛盾和冲突，首先提出了“认同危机”这一概念。从文化角度来看，文化认同是一个民族在长期的生产生活和历史进程中所形成的对本民族文化的肯定性体验，在情感和心理上接受本民族文化，认可本民族文化价值观念，具有共同的文化心理。文化认同是自我认同的一种形式，是民族认同和国家、社会认同最深层的基础。张诗亚明确提出，教育的目的首先应该是文化认同教育，其次是身处在各国文化下，能与各国文化交流、碰撞或交融发展，而要实现这一教育最重要的路向就是“中和位育”，“中”是“无过不及，不偏不倚”，“和”是在共处的过程中能够保持自己的特色，“位”是明白自己的位置，清楚前后左右各事物的关系，“育”是进步、发展。“中和位育”不是强调单纯地、被动地适应其他文化，而是在认同本民族文化的基础上积极、主动地吸收其他文化的过程。①

中华民族上下五千年历史，经过风雨的洗礼和岁月的打磨，积淀了深厚的文化底蕴。其中，成语经过历史文化的淬炼，蕴含了丰富的汉民族优秀文化，成语文化作为一座知识宝库，包含了丰富的文化情感、爱国主义情感和社会主义道德品质，如成语“负荆请罪”“废寝忘食”“悬梁刺股”“程门立雪”“囊萤映雪”“卧薪尝胆”等，学生在学习这些成语时，容易被故

① 张诗亚.“位育”之道——全球化中的华人教育路向[J].西南师范大学学报(人文社会科学版)，2006，32(6)：53-55.

事中的人物精神所感染，在潜移默化中学习他们身上的优秀品质。在成语文化课程中，通过成语文化教学，学生不仅可以增加知识储备，而且可以从积淀着人类思想精髓和民族文化精华的成语中汲取养分，感受祖国文化的魅力，提高个人修养，培养高尚的道德情操和健康的审美情趣，形成正确的人生观和价值观。成语文化是一种集民族性与地域性为一体的文化，也是一种具有自身独特个性的文化。就成语文化而言，在其内部可以同惯用语、歇后语、俗语等文化进行比较，从中看出其文化形式和文化蕴含方面的异同；在其外部可以同不同民族的成语比较，从中看出成语的文化背景、文化形式、文化蕴含方面的差异，进而比较文化心理、社会习俗、思维习惯、思维观念上的区别。因此，构建我校成语文化课程必须秉持本民族文化的独特性，以本民族最能反映人们的生活方式、行为特征和心理特征的优秀成语文化内容，促使学生文化认同的形成，为民族认同和国家认同的形成奠定基础。

在增强学生文化认同感的基础上，我们需要进一步增强学生的民族认同与国家认同意识。任何民族，只要生活在国家特定的政治框架之中，其文化就定然要与这种政治框架相适应，因此，民族的文化认同必然就互相浸染了国家认同的成分，而共同的文化归属使得不同的族群能够相互认同，并使得各族群相嵌合构成国家共同体。文化认同是社会成员对本民族文化的认知和感情依附，因此，文化认同是民族认同、国家认同的基础和前提，这两者之间是相辅相成的关系。任何民族的认同、国家的认同都必须奠基于本民族文化的认同，而成语文化的特点决定了它在这一过程中的中轴作用。言简意赅，生动形象，融故事性、哲理性、音乐性于一体，且雅俗共赏，老少咸宜，易学易记的成语，不但使生活在一起的成员被这种无形的文化束缚在一起，而且把当下活着的人与已经逝去的人联结在一起，把分散在世界各处的华侨、华裔团结在一起。同时，成语文化课程中所选择的符合学生发展特点并能够为学生所接受的文化形式，带有强烈的民族精神属性，这使得成语文化课程成为培养学生民族认同和国家认同感的一种有效手段，从而有利于增强学生的民族认同和国家认同意识。

第三章

成语文化课程的校本设计

中华成语博大精深，蕴含着民族文化的智慧。成语文化校本课程，旨在让学生通过学习成语，了解成语内涵，丰富文化底蕴，提高人文素养。近年来，随着我校成语文化校本课程体系的不断完善，我们对学校原成语文化校本教材进行了优化改编，并在实践中不断探索校本课程实施对促进师生发展的重要作用。本章从成语文化课程纲要的编制、教材的开发、内容的开发三个方面阐述成语文化课程的校本设计。

第一节　成语文化课程纲要的编制

一、成语文化课程构建的背景

自新课程实施以来，各地小学语文教材中都有涉及成语的内容，如成语故事课文、练习中的成语积累等。基于这样的教材编排，很多教师都进行了一些零散的实践探索，但这些研究缺乏整体、系统的思考。近年来，我校以课程的视角开发、实施成语文化课程。

对于教师来说，把成语文化当作课程来开发，是集理论学习、案例研究、实践反思为一体的学习与实践的过程，在形式和内容上为教师提供了基于任务的合作研究平台，可激发教师的学习内驱力，帮助教师在实践中与理论对话，以实践诠释理论，以理论来组织经验，提升实践智慧，使教师成为课程的建设者。

对于学生来说，学习成语文化课程，有利于系统学习与年段特征相契合的成语，由点及线，由线及面，通过适切的学习方式、学习评价等激发学习成语的兴趣，立体地认识成语文化的博大精深。

具体来说，开发成语文化课程具有以下价值。

1. 凸显课程改革的现实需要

新课标中指出："学校要有强烈的资源意识，认真分析本地和本校的特点，充分利用已有的资源，积极开发潜在的资源。”学校从建校以来，着力研究成语文化校本课程的开发和实施，构建适合学生发展需求的成语文化课程，为学生的综合发展提供课程支持和学习平台。

2．体现学生精神成长的需要

让学生学习成语，不仅是对学生进行知识的教育，更是对其进行精神道德、意志品质的教育。让学生通过对成语的学习、体验和实践，使他们对传统文化产生兴趣，在快乐学习、享受学习、接受熏陶的同时开发潜能，启迪智慧，培养良好的心理品质和心灵素养，提高自我调控能力，发展创新能力，树立信念，从而为学生的终身幸福奠定基础。

3．传承中华民族优秀传统文化的需要

人类已经有了几千年的文明史，任何一个国家、一个民族都是在承前启后、继往开来中走到今天的。当代中国是历史中国的延续和发展，当代中国思想文化是对中华传统思想文化的传承和升华，要认识今天的中国、今天的中国人，就要深入了解中国的文化血脉，准确把握滋养中国人的文化土壤。传承中华传统文化的精髓就应该从娃娃抓起，而成语文化的学习正是一种行之有效的好方法。

二、成语文化课程设计的原则

1．传承性

2017 年教育部印发的《中小学德育工作指南》中提出，要“开展家国情怀教育、社会关爱教育和人格修养教育，传承发展中华优秀传统文化，大力弘扬核心思想理念、中华传统美德、中华人文精神，引导学生了解中华优秀传统文化的历史渊源、发展脉络、精神内涵，增强文化自觉和文化自信”。因此，我们的课程不仅仅是学习成语本身，还应该通过成语这一载体挖掘更多的育人资源，如由成语延伸出的人物美德、中华历史、节气文化、书法名作等一系列优秀传统文化，让学生在学习中传承更多的文化瑰宝。

2. 多元性

成语中蕴含着丰富、深刻的教育元素，集思想美、语言美、艺术美为一体，浓缩了人文科学、自然科学智慧的结晶，蕴含常理常道，教导人生常则常行，包含德育、智育、美育三大范畴。因此，在实施成语文化课程时，教师不是仅从语言领域出发设计教学活动，而是广泛地拓展到社会、美术、音乐、健康等领域，让学生在多元化的活动中自主感受成语的魅力。

3. 生长性

成语文化课程的实施单靠一本教材、几节课、几个活动是远远不能满足学生的成长需求的，而要把成语教育贯穿于学生的一日生活中，使成语教育活动能够延续、提升。同时，不要让成语故事的内容选择源于学生生活，又用于学生生活。在课程实施过程中，要培养学生举一反三的能力，构建由个体到群体的学习形态，让成语文化课程更具生长性。

4. 趣味性

为避免学生枯燥单一地学习成语，要从内容、形式、评价等方面不断地拓宽成语的外延，挖掘成语的“周边产品”，通过引导学生参与成语游戏、欣赏艺术作品、观看多媒体视频等方式增强课程的趣味性，激发学生学习成语的兴趣。

三、成语文化课程纲要的研制

成语文化课程应具备准确定位的课程目标、序列架构的课程内容、激励性的课程评价等要素，学校秉承传承性、多元性、生长性、趣味性四个设计原则研制课程纲要。

1. 课程总目标

基于凸显课程改革、体现学生精神成长、传承中华民族优秀传统文化三方面的需求，学校将成语文化的课程目标与成语自身的育人价值相结合，从知识与能力、过程与方法、情感态度与价值观三个方面设计，三者相互渗透，融为一体，确立了课程总目标。

（1）在成语学习过程中，培养爱国主义、集体主义、社会主义思想道德和健康的审美情趣，发展个性，培养创新精神和合作精神，逐步形成积极的人生态度和正确的世界观、价值观。

（2）认识中华文化的丰厚博大，汲取民族文化智慧。关心当代文化生活，尊重多样文化，吸收人类优秀文化的营养，提高文化品位。

（3）在发展语言能力的同时，发展思维能力，学习科学的思想方法，逐步养成实事求是、崇尚真知的科学态度。

（4）能主动进行探究性学习，激发想象力和创造潜能，在实践中学习和运用语文。

（5）具有独立阅读的能力，学会运用多种阅读方法。有较为丰富的积累和良好的语感，注重情感体验，发展感受和理解的能力。能阅读日常的书报杂志，能初步鉴赏文学作品，丰富自己的精神世界。能借助工具书阅读浅易文言文。

2. 课程学段目标

根据总目标的确立，学校又将其逐层分解，确立了低、中、高三个学段的阶段目标，凸显目标的螺旋递进性。

第一学段（1 ~ 2 年级）

【识字与写字】

（1）喜欢学习成语，有主动识字、写字的愿望。

（2）累计认识常用成语 600 个左右，其中 300 个左右会写。

（3）学习独立识字。能借助汉语拼音认读成语，学会查成语词典。

【阅读】

（1）结合上下文和生活实际了解课文中成语的意思，在阅读中积累成语。

（2）阅读浅显的成语故事，向往美好的情境，关心自然和生命，对感兴趣的人物和事件有自己的感受和想法，并乐于与人交流。

（3）积累自己喜欢的成语和格言警句。

【习作】

（1）对成语故事有兴趣，留心周围的成语故事，简单写写自己阅读后的感受。

（2）在习作中乐于运用阅读和生活中学到的成语。

（3）在看成语故事视频或听成语故事的基础上，展开合理的想象讲故事，发展想象能力，提高口语表达能力。

【诵读】

（1）正确、流利地诵读和成语相关的儿歌。

（2）在教师的指导下配合图画、节拍等形式强化诵读的方法，初步说说自己诵读儿歌的感受，体会诵读成语儿歌的情趣。

【表演】

（1）在理解成语的意思后，能运用简单的动作、神情再现成语的意思。

（2）选择合适的剧本，大声、大胆地分角色朗读剧本，尝试加上动作演一演。

【探究学习】

（1）对成语文化有好奇心，能就感兴趣的内容提出问题，结合课内外阅读相互交流。

（2）结合成语文化学习，观察生活，亲近自然，用口头或图文等方式表达自己的所见所思。

（3）热心参加校园、博物馆等举办的传统文化活动。结合活动，用口头或图文等方式表达自己的见闻和想法。

第二学段（3 ~ 4 年级）

【识字与写字】

（1）对学习成语有浓厚的兴趣，养成主动积累成语的习惯。

（2）累计认识常用成语 1200 个左右，其中 600 个左右会写。

（3）有初步的独立在成语中识字的能力。会运用音序检字法和部首检字法查成语词典。

（4）能使用硬笔熟练地书写成语，做到规范、端正、整洁。

【阅读】

（1）能联系上下文，理解成语的意思，体会课文中某些成语表达情意的作用。

（2）能借助字典、成语词典和生活积累，理解成语的意义。

（3）通过学习积累课文中的成语和精彩句段，丰厚课外生活的语言材料。

【习作】

（1）进行一个成语多个版本的故事阅读，学习编故事的方法，迁移方法，扩编或续编故事。

（2）把故事写生动、具体，培养多角度思考的能力、创新能力和表达能力。

【诵读】

（1）在正确诵读的过程中体验情感，展开想象，领悟成语的大意。

（2）能初步感受成语诵读中人物的命运和喜怒哀乐，与他人交流自己的诵读感受。

（3）能有节奏地诵读经典文言文段落。

【表演】

（1）了解故事背景并选择剧本中的一个角色，在读好人物语言的基础上谈谈如何诠释这个角色。

（2）尝试配合肢体语言演一演，提升思维能力和形体表现力。

【探究学习】

1. 结合耳熟能详的寓言故事、成语故事，理解成语的意思，了解成语的来源。

2. 渗透相关的中华传统文化，激发对《韩非子》《山海经》等古代文学经典的阅读兴趣。

第三学段（5 ~ 6 年级）

【识字与写字】

（1）有较强的独立识字能力。累计认识常用成语 2400 个左右，其中 1200 个左右会写。

（2）硬笔书写楷书，行款整齐，力求美观，有一定的速度。

（3）能用毛笔书写楷书，在书写中体会成语的优美。

（4）写字姿势正确，有良好的书写习惯。

【阅读】

（1）通过学习成语，阅读相关的经典名著，学习与之相关的小古文。

（2）在阅读整本书的过程中掌握略读、默读等读书方法。

（3）以成语为核心，扩大阅读面，能在阅读大量材料的基础上简单描述自己印象最深的情节和人物，说出自己的独特感受。

【习作】

（1）读懂原有的成语故事的内容，知道成语故事的意思，结合当下的一些社会现象等新编成语故事。

（2）培养多角度构思成语作文的创新能力，提高语言表达能力。

【诵读】

（1）在了解成语大意的同时，注意通过语调、韵律、节奏等体味作品的内容和情感。

（2）想象诵读内容描述的情境，体会情感。受到优秀成语的感染和激励，向往和追求美好的理想。

【表演】

（1）能在课前自主了解故事的时代背景，正确理解成语的内涵，尝试在保持成语主旨不变的基础上联系生活，注入时代意义，改编故事内容。

（2）尝试自己创编情节简单的剧本，并进行小组合作演绎。

【探究学习】

（1）通过对成语文化中的名人、服饰、器物、数字等进行专题探究，并利用图书馆、网络等信息渠道获取资料，尝试写简单的研究报告。

（2）针对电视、电影中的成语故事和人物形象组织讨论或演讲，培养积极健康的审美情趣。

（3）采用小组学习、采访调查等方式，深入探究成语，对历史、人物、传统文化有更深入的认识和理解。

3. 课程内容框架

根据成语文化课程的总体目标，整体、序列化地构建课程内容，从经、纬两条线综合设计。

经线即根据课程学段目标，从育人、文化、知识、技能、情感态度等方面考虑体现课程六年一贯的螺旋递进性（见下表）。如在“成语与育人”这一主线上，在六个年级分别安排了“立志”“勤学”“团结”“诚信”“坚毅”和“爱国”六个教育主题，通过成语故事来明理导行，以古人为榜样，汲取精神营养。在探究成语来源中，安排了“成语与创世神话”“成语与民间故事”“成语与寓言”“成语与历史”等内容，特别在高年级以名著与古籍为载体，引导学生边阅读边学习成语，通过成语来读懂故事。尤其值得注意的是，在成语学习过程中，注重了跨学科的内容安排，如“成语与数字”“成语与植物”“成语与艺术”“成语与科学”“成语与地理”等，巧妙融合，有机渗透，以成语为原点，多向勾连，整合融通。

年段	主题	年段	主题
一年级上	成语与创世神话	四年级上	成语与名著《西游记》
	成语与民间故事		成语与艺术
一年级下	成语与寓言	四年级下	成语与科学
	成语与立志		成语与诚信
二年级上	成语与寓言	五年级上	成语与名著《水浒传》
	成语与生肖		成语与唐诗
二年级下	成语与山水	五年级下	成语与地理
	成语与勤学		成语与坚毅
三年级上	成语与植物	六年级上	成语与名著《三国演义》
	成语与历史		成语与宋词
三年级下	成语与数字	六年级下	成语与军事《三十六计》
	成语与团结		成语与爱国

纬线即根据学生的学段特点、学习需求等设计适切的内容，以主题单元的方式，基于成语的特点、与语文教材的对接等角度，选取典型的成语进行拓展。在内容安排上，每学期安排两大主题，每个主题中包括四个成语故事，如在“成语与创世神话”单元中，设计了“开天辟地”“夸父追日”“炼石补天”“共工触山”四个创世神话；在“成语与民间故事”单元中，安排了“牛郎织女”“八仙过海”“水漫金山”“替父从军”四个民间故事。一年级第一学期以故事为主，让学生在有趣的故事中了解成语，符合低年级学生阅读的特点。在高年级安排的“成语与唐诗”“成语与宋词”，不仅是对诗词的学习，更是对成语运用的深化。

第二节　成语文化课程教材的开发

成语是中华民族文化的绚丽瑰宝、杰出思想的精华、敏捷思维的结晶。这一古老的传统文化经过历史长河的大浪淘沙，在科学技术迅猛发展的今天依然闪烁着耀眼的光芒，散发着无穷的魅力。

几年来，学校一直行进在成语文化学习和研究之路上，以深深的热爱和孜孜的追求演绎着对成语文化的学习传承、开发创新。在十年的研究历程中，我们编写了三套校本教材。比照三套校本教材，回顾编写历程，方可炳如观火。

一、因补充语文学习而诞生

从结识“成语识字”教学法开始，学校走上了成语文化校本课程的开发与实践之路。最初的想法很简单：依据成语文化特色，挖掘学校教师资源，将成语文化与语文教学相整合，开发成语校本课程，编写成语文化校本教材。低年级的学习主题为“成语故事与识字”，中年级的学习主题为“成语历史与运用”，高年级的学习主题为“成语历史与创作”。三个年段的教材分别以“故事识字、拓展阅读、日积月累”“刨根问底、博览群书、日积月累、学以致用”及“寻根溯源、妙笔生花、博览群书、聚沙成塔”板块构成，让成语文化自然亲近地走进语文学习，希望学生通过这一校本教材的学习，在成语积累、课外阅读、写作表达等方面得到较系统全面的浸润。

第一套成语文化校本教材内容一览表

<table>
<tr><td rowspan="2">一年级</td><td>立志篇</td><td>诚信篇</td><td>团结篇</td><td>忠孝篇</td><td></td></tr>
<tr><td>一鸣惊人
志在四方
志在千里
鸿鹄之志
志存高远
破釜沉舟
奋发图强</td><td>一言九鼎
一诺千金
季札挂剑
驷马难追
言而有信
一言为定
精诚所至，
金石为开
开诚布公</td><td>相煎何急
同舟共济
管鲍之交
众志成城
孔融让梨
推梨让枣
负荆请罪
唇亡齿寒</td><td>感恩图报
过门不入
挨杖伤老
乌鸦反哺
羊羔跪乳
大公无私
身在曹营
心在汉</td><td></td></tr>
<tr><td rowspan="2">二年级</td><td>勤学篇</td><td>坚毅篇</td><td>思辨篇</td><td>智勇篇</td><td>修养篇</td></tr>
<tr><td>闻鸡起舞
悬梁刺股
凿壁偷光
笨鸟先飞</td><td>铁杵磨针
滴水穿石
女娲补天
精卫填海</td><td>道听途说
盲人摸象
郑人买履
对牛弹琴</td><td>狐假虎威
草船借箭
完璧归赵
四面楚歌</td><td>胸有成竹
毛遂自荐
三省吾身
高风亮节</td></tr>
<tr><td>三年级</td><td colspan="2">开天辟地　初出茅庐　三头六臂　卧薪尝胆　孟母三迁</td><td colspan="2">白云苍狗　学富五车　梦笔生花　老骥伏枥　立木为信　抱薪救火</td><td></td></tr>
<tr><td>四年级</td><td colspan="2">程门立雪　宁为玉碎，不为瓦全　明月清风　愚公移山　五谷丰登</td><td colspan="2">洛阳纸贵　熟能生巧　高山景行　舍生取义　两袖清风</td><td></td></tr>
<tr><td rowspan="2">五年级</td><td>勤学篇</td><td>坚毅篇</td><td>思辨篇</td><td>智勇篇</td><td>修养篇</td></tr>
<tr><td colspan="2">金蝉脱壳　邯郸学步　舍己为人　高山流水　脍炙人口　锲而不舍</td><td colspan="2">白驹过隙　变化多端　人定胜天　指鹿为马　举案齐眉　坚壁清野</td><td></td></tr>
<tr><td>六年级</td><td colspan="2">精忠报国　圆木警枕　庖丁解牛　羊羔跪乳　鞠躬尽瘁　囊萤映雪</td><td colspan="2">江山如画　忧国忘家　明察秋毫　视死如归　因材施教　塞翁失马，焉知非福</td><td></td></tr>
</table>

这套教材一至二年级以主题单元结构汇编相关成语，三至六年级则依据苏教版教材内容汇编相关成语。六册教材都关注了成语故事的出处，引导学生学习理解成语故事的内容，并拓展了与成语主题相关的其他成语故

事、成语儿歌、类成语，而且特别针对苏教版教材的所有生字，以一单元一汇编的方式，对含有苏教版教材的生字的成语进行了拓展积累。在教学实践的过程中，教师普遍感到这套教材最大的特点就是与苏教版教材有着紧密的联系，是语文教学中非常实用的成语知识的学习文本。

二、为顺应综合性学习而重塑

编写第一套校本教材时，我们加入了许多与某一成语相关联的成语，但有时总感觉失去了成语文化的特质。成语文化的特质是什么？在对成语内容的进一步梳理中，我们逐渐感到成语文化的博大精深、包罗万象，已经渗透进了生活的方方面面。由一个成语引出来的形式丰富的资源不计其数。编写的教材应该彰显整合的特质，借助成语这一杠杆来激发学生的学习动力，开阔学生的学习视野。

在对前期经验进行总结与反思的基础上，学校着手编写第二套成语文化校本教材。这套教材旨在借助更多的媒体、资源来激发学生学习成语文化的兴趣，丰富学生学习成语的体验。如一年级的课堂中引入成语故事动画视频欣赏，以学生喜闻乐见的形式，让学生兴趣盎然地主动学习成语。同时对二至五年级的成语学习内容重新构建，如下表：

二年级	**成语与季节**	**成语与学习**	**有趣的成语**	**成语与节日**
	春 夏 秋 冬	勤学习 成语综合实践活动	数字成语 含“千”“百”的成语	元宵节 春节
三年级	**成语与自然**	**成语与寓言**	**成语与神话**	**成语与历史**
	天气 海 山水 天文	画蛇添足 惊弓之鸟 买椟还珠 南辕北辙	百鸟朝凤 天衣无缝 杜鹃啼血 沧海桑田	铁杵成针 望梅止渴 毛遂自荐 闻鸡起舞

（续表）

四年级	**成语与自然**	**成语与寓言**	**成语与神话**	**成语与历史**
	花草 树木 鸟兽 虫鱼	庖丁解牛 望洋兴叹 杞人忧天 郑人买履	天女散花 涸辙之鲋 点石成金 南柯一梦	三顾茅庐 背水一战 指鹿为马 乐不思蜀
五年级	**成语与感恩**	**成语与《三国演义》**	**成语与友情**	**成语与《三十六计》**
	知恩图报 倒履相迎 结草衔环 以德报怨	走近诸葛亮 品读曹操 走近刘关张 了解《三国演义》	生死之交 情同手足 管宁割席 肝胆相照	走近《三十六计》 三十六计，走为上计 金蝉脱壳 欲擒故纵

从形式上看，这套教材更加丰富，图文结合，借助视频、网上资源链接，试图使成语文化的学习从课堂走向生活，开阔学生的视野，丰富学习的资源，让学生在学习成语的同时，进一步了解成语背后的文化现象。从内容上看，这套教材增加了综合性研究的学习内容。成语成为多种资源汇聚的节点和内在关联，仿佛是一座桥，将学生的多种感官和视角引向了成语之外更广阔的世界。

三、源于学校文化认同而蜕变

在实践的过程中我们发现，这样的教材虽然资源很丰富，但似乎已经偏离了向经典学习的初衷。课堂上，花样多了，成语文化的味道却淡了。这不是我们想要的成语文化课。2017 年，我们决定第三次重编教材。

找准“根源”成了当务之急。追溯校本教材存在的价值，是为了培养具有学校特质的学生，是为了给学生发展提供更优质的课程、平台和资源。从学校对学生的培养目标入手才是重塑教材的根本。因此，我们分析了学校的学生培养目标“博、毅、善”，依据学生的年段特征，重建成语文化校本课程的教材内容。

结构上以单元主题的形式编写，每一主题由“单元导读”、同一主题的四个成语故事、“单元拓展”三个板块构成。同时，在设计每一篇成语学习内容时增强了趣味性、体验性，通过“听一听，读一读”，引导学生听故事、读故事；通过“读一读，记一记”，引导学生读成语儿歌，记相关成语；通过“想一想，议一议”，引出对成语故事内容的核心问题的思考；通过“读一读，演一演”，给予学生合作表演成语故事的空间；最后通过“文化链接”板块开阔学生的视野，使学生了解与成语相关的文化。“成语游戏”的植入也使教材更加符合学生活泼、爱玩的特性。

内容上，在筛选主题成语时，充分考虑学生的年段特点、与语文教材的内容对接、成语自身的特点、同一主题的一贯延续等因素。

1. 考虑年段特点

各年段的主题确立充分依据学生的成长需求与年龄特点，如低年段安排了“开天辟地”“夸父追日”的创世神话，“牛郎织女”“八仙过海”的民间故事，“自相矛盾”“坐井观天”的寓言故事，“胆小如鼠”“汗牛充栋”的生肖主题等。

2. 考虑教材对接

苏教版小学语文教材中涉及四大名著的故事内容，如五年级的《林冲棒打洪教头》、六年级的《三打白骨精》等。在设计成语文化课程内容时，学校在四、五、六年级的教材中加入了“成语与名著”的主题学习，分别为《西游记》《水浒传》《三国演义》。同时，六年级还设计了与《三国演义》关联度较高的“成语与军事”主题，如“瞒天过海”“金蝉脱壳”“釜底抽薪”等。

3. 考虑成语特点

从成语结构特点考虑，在选取成语时，除了四字成语之外，学校还特意考虑了六字、七字、八字的成语，如“有志者事竟成”“众人拾柴火焰高”“一言既出，驷马难追”等。从成语的内涵考虑，成语中蕴含着丰富、深刻的教育元素，集思想美、语言美、艺术美为一体，浓缩了人文科学、自然科学智慧的结晶，包含德育、智育、美育三大范畴。因此，我们在设计成语课程内容时，不是仅从语言领域出发，而是广泛地拓展到社会、美术、音乐、健康等领域，如“成语与植物”主题中有“蕙质兰心”“竹报平安”，“成语与艺术”主题中有“高山流水”“长袖善舞”，“成语与地理”主题中有“沧海桑田”“泾渭分明”等。

4. 考虑主题延续

充分考虑成语文化的育人价值，一至六年级都设计了“成语与美德”主题，每个年级的培养侧重点不同，一年级侧重“立志”，二年级侧重“勤学”，三年级侧重“团结”，四年级侧重“诚信”，五年级侧重“坚毅”，六年级侧重“爱国”。同时，在主题成语的选择上，还充分融入区域特色，如四年级的“成语与诚信”主题中选取了“一诺千金”“季札挂剑”“立木为信”“一言既出，驷马难追”四个成语，其中“季札挂剑”这个成语就因常州龙城本是季子故里这一文化背景而选取的。

成语文化课程初选内容见下表：

	内容安排	
一年级上	成语与创世神话	开天辟地　夸父追日　炼石补天　共工触山
	成语与民间故事	牛郎织女　八仙过海　水漫金山　替父从军
一年级下	成语与寓言	守株待兔　掩耳盗铃　揠苗助长　画蛇添足
	成语与立志	一鸣惊人　鸿鹄之志　志存高远　有志者事竟成
二年级上	成语与寓言	自相矛盾　坐井观天　叶公好龙　刻舟求剑
	成语与生肖	胆小如鼠　汗牛充栋　如虎添翼　兔死狐悲
二年级下	成语与山水	巴山蜀水　江山如画　钟灵毓秀　千岩竞秀
二年级下	成语与勤学	囊萤映雪　凿壁偷光　韦编三绝　圆木警枕
三年级上	成语与植物	雪胎梅骨　蕙质兰心　竹报平安　人淡如菊
	成语与历史	一鼓作气　破釜沉舟　退避三舍　四面楚歌
三年级下	成语与数字	一元复始　阳春三月　五黄六月　数九隆冬
	成语与团结	同舟共济　众志成城　唇亡齿寒　众人拾柴火焰高
四年级上	成语与名著《西游记》	齐天大圣　摇身一变　龙生九子　道高一尺，魔高一丈
	成语与艺术	高山流水　长袖善舞　入木三分　妙手丹青
四年级下	成语与科学	斗转星移　炉火纯青　星罗棋布　海市蜃楼
	成语与诚信	一诺千金　季札挂剑　立木为信　一言既出，驷马难追

（续表）

	内容安排	
五年级上	成语与名著《水浒传》	扶危济困　逼上梁山　将遇良才　有眼不识泰山　路见不平
	成语与唐诗	白云苍狗　珠落玉盘　冰心玉壶　此时无声胜有声
五年级下	成语与地理	百川归海　沧海桑田　泾渭分明　沃野千里
	成语与坚毅	愚公移山　绳锯木断　百炼成钢　咬钉嚼铁
六年级上	成语与名著《三国演义》	桃园结义　望梅止渴　舌战群儒　身在曹营心在汉
	成语与宋词	沙场点兵　怒发冲冠　乍暖还寒　玉宇琼楼
六年级下	成语与军事《三十六计》	瞒天过海　围魏救赵　金蝉脱壳　釜底抽薪
	成语与爱国	精忠报国　忧国忘家　碧血丹心　天下兴亡，匹夫有责

目前，这套教材从整体布局上遵循年级之间的递进性、延续性，既有扎实积累成语的“根基”，又有成语内涵学习、理解的“主干”，更融合了开阔视野的“枝叶”，构建出了一片传承经典文化、润泽学生心灵的“琼林”。

第三节　成语文化课程内容的开发

学校主要是从框架构建及内容选择两方面对成语文化课程进行开发的。

在结构上，学校尝试以单元主题的形式编写，每一主题由“单元导读”、同一主题的四个成语故事、“单元拓展”三个板块构成。

在内容上，因三个板块的作用不同，其内容要求也有所不同。

“单元导读”简要阐述本单元的主题、包含哪些成语、这些成语的内涵或对学生成长的作用。

同一主题的四个成语故事在选择时主要基于两大原则：一是避免与语文教材内容重复，教材中出现的成语不选；二是选择学生易接受的常见成语，以丰富学生的课外成语储备。成语故事的篇幅根据学生的年段特征来决定，低年级的故事内容较简短，到中高年级，考虑到学生的阅读水平，会逐步增加阅读量，篇幅相较之前的要长一些。在故事最后，为了增强趣味性与体验性，还特别设计了提升学生综合能力的练习。如“自相矛盾”这个成语故事后面就安排了通过图片来认识古代的“矛”和“盾”。

“单元拓展”主要是通过填字、画画、吟诵等多种形式帮助学生巩固本单元所要掌握的成语知识，使学生对这一成语主题有更全面的了解。

附：二年级第一单元“成语与寓言”内容

单元导读

亲爱的同学们：

成语寓言故事是中国传统文化和民族智慧的一个重要组成部分，许多卓越的见识往往蕴藏在寓言之中，它不仅具有文学价值，而且具有丰厚的思想内容。本单元精选4个寓意深刻、趣味十足的小故事——《自相矛盾》《坐井观天》《叶公好龙》《刻舟求剑》。这些短小精悍的成语寓言故事不仅能让我们在读中享受到乐趣，还能让我们学到生活的智慧，体会到做人的道理。

自相矛盾

古代，有一个卖兵器的人爱吹牛。

这一天，他站在街口举起长矛对大家说：“快来买我的矛啊！这是世界上最锐利的矛，再坚固的盾只要碰到它，就会被刺个大窟窿。”可是喊了半天也没有人来买。于是，他又拿起盾对大家说：“快来买我的盾哪！这是世界上最坚固的盾，再锐利的矛也别想刺穿它。”

人群中有一个人对他的吹嘘很反感，于是就走了出来问他：“你的矛是世界上最锐利的矛，你的盾是世界上最坚固的盾。如果用你的矛刺你的盾，结果将会怎么样呢？”

那个卖兵器的人顿时哑口无言了，围观的人都大笑着走开了。

【听一听，读一读】

听故事，读故事。

【读一读，记一记】

1. 积累成语。

自相矛盾　　哑口无言

2. 读儿歌《自相矛盾》。

古代有个人，卖矛又卖盾，
卖矛说矛尖，钢铁能刺穿，
卖盾说盾厚，啥都刺不破。
有人对他说，你可试一试，
用自己的矛，扎自己的盾，
到底是矛钝，还是盾不厚。
卖兵器的人，这下傻了眼。

【想一想，议一议】

1. 卖兵器的人是怎么夸自己的矛，又是怎么夸自己的盾的？

2. 为什么他最后哑口无言了？

【读一读，演一演】

和小伙伴们分角色读一读故事，再合作演一演。

【文化链接】

1. 了解矛、盾。

矛和盾都是古时候打仗常用到的兵器。矛，就是长矛，进攻时用来刺杀敌人；盾，就是盾牌，用来防御，可以保护自己不被敌人刺伤。

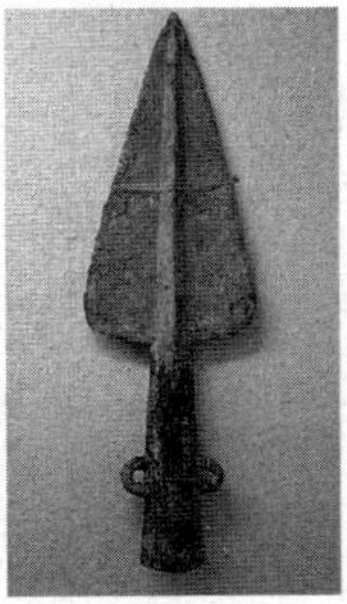

商代青铜矛

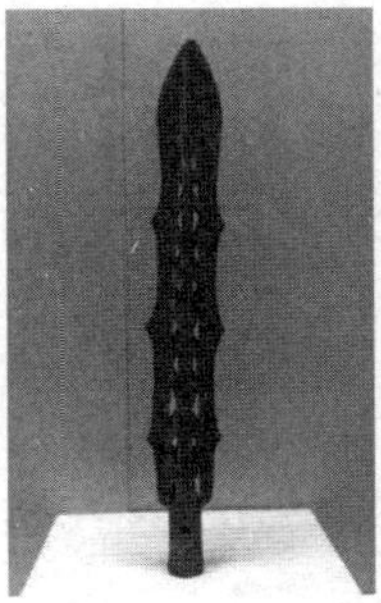

春秋镂空曲刃青铜矛

单耳青铜矛

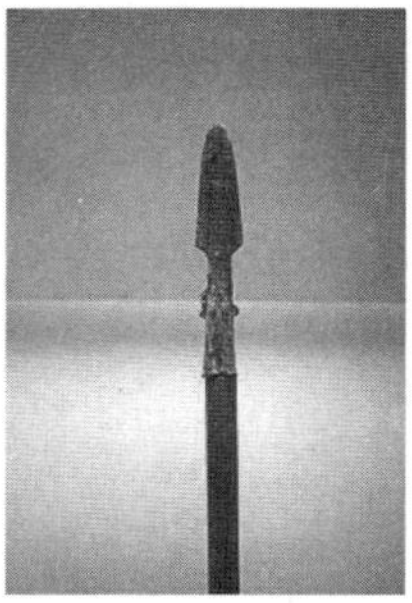

双耳青铜矛

双向青铜矛

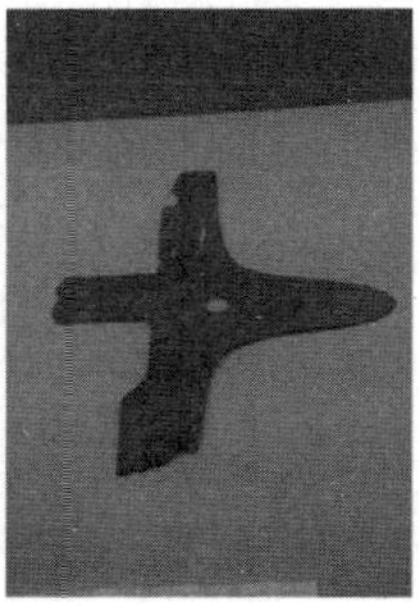

三向青铜矛

西周早期的盾

战国时期的盾

2. 结合矛和盾的特点，写出与之有关的成语。

坐井观天

青蛙坐在井里。小鸟飞来，落在井沿上。

青蛙问小鸟："你从哪儿来呀？"

小鸟回答说："我从天上来，飞了一百多里，口渴了，下来找点水喝。"

青蛙说："朋友，别说大话了！天不过井口那么大，还用飞那么远吗？"

小鸟说："你弄错了。天无边无际，大得很哪！"

青蛙笑了，说："朋友，我天天坐在井里，一抬头就看见天。我不会弄错的。"

小鸟也笑了，说："朋友，你是弄错了。不信，你跳出井口来看一看吧。"

【听一听，读一读】

听故事，读故事。

【读一读，记一记】

1. 积累成语。

坐井观天　　无边无际

2. 读儿歌《坐井观天》。

小青蛙，蹲井下，
以为天空井口大。
小鸟飞来告诉它，
天空广阔无限大。
坐井观天眼界小，
跳出井口看看吧。

【想一想，议一议】

1. 青蛙为什么会认为天只有井口那么大？

2. 读了这则寓言故事，你明白了什么道理？

【读一读，演一演】

和小伙伴们分角色读一读故事，再合作演一演。

【文化链接】

1. 井底之蛙。

在一口浅井里住着一只青蛙。它对从东海来的大鳖说："我多么快乐啊！想出去玩玩，就在井口的栏杆上蹦蹦跳跳；想回来休息，就蹲在残破的井壁的砖窟窿里休息休息；跳进水里，水刚好托住我的胳肢窝和面颊；踩泥巴时，泥浆只能漫到我的脚背上。回头看一看那些赤虫、螃蟹与蝌蚪一类的小虫吧，哪个能同我相比呢？并且，我独占一井水，在井里想跳就跳，想停就停，真是快乐极了！您为什么不常来我这里看看玩玩呢？"

海鳖还没踏进井里，右腿已被井壁卡住了。于是，它在井边徘徊了一阵就退了回来，把大海的景象告诉青蛙，说道："千里虽然很远，可是它不能够形容海的辽阔；千仞虽然很高，可是它不能够形容海的深度。夏禹的时候，十年有九年闹水灾，可是海水并不显得增多；商汤时，八年有七年干旱，可是海水也不显得减少。永恒的大海啊，不随时间的长短而改变，也不因雨量的多少而涨落。这才是住在东海里最大的快乐啊！”

浅井里的青蛙听了这一番话，惶恐不安，两眼圆睁睁地好像失了神，深深感到自己的渺小。

2. 积累成语。

鼠目寸光　　目光短浅　　管中窥豹　　一叶蔽目　　一孔之见

叶公好龙

春秋时期楚国叶县有个县令叫沈诸梁，他自称叶公。叶公非常喜欢龙，他的帽子、衣服上绣着龙，墙上画着龙，屋中四壁门窗到处是龙的图案，并且声称自己是最喜欢龙的人。

天上的真龙听说叶公如此爱龙，十分高兴，打算亲自去他家表示感谢。真龙把头伸进窗户，尾巴拖在厅堂里。叶公一看，真龙头大如斗，目闪金光，爪牙锐利，顿时吓得魂飞魄散，脸色都变了。

由此看来，叶公并不是真的喜欢龙，他喜欢的只是似龙而非龙的东西。

【听一听，读一读】

听故事，读故事。

【读一读，记一记】

1. 积累成语。

叶公好龙　　魂飞魄散

2. 读儿歌《叶公好龙》。

春秋时代有叶公，
爱龙成癖人皆知。
墙上雕着龙，
地上画着龙。
神龙被感动，
来把叶公见。
叶公见真龙，
魂飞又魄散。

【想一想，议一议】

1. 你觉得叶公真的喜欢龙吗？

2. 读了这则寓言故事，你明白了什么道理？

【读一读，演一演】

读故事，再和小伙伴们合作演一演。

【文化链接】

1. 了解龙文化。

龙是中华民族的图腾、象征。龙文化源远流长，是中国文化的突出符号。

在中国文化中，龙有着重要的地位和影响。在距今7000多年的新石器时代，先民们就崇拜原始龙的图腾，今天，人们仍然多以带有“龙”字的成语或典故来形容生活中的美好事物。

对每一个中华儿女来说，龙的形象是一种符号、一种意蕴、一种血肉相连的情感。“龙的子孙”“龙的传人”，这些称谓常令我们激动、奋发、自豪。

龙文化除了在中华大地上传播继承外，还被远渡海外的华人带到了世界各地，在世界各国的华人居住区或中国城内，最多和最引人注目的饰物仍然是龙。因而，“龙的传人”“龙的国度”也获得了世界的认同。

2. 常州龙城。

龙是古代传说中一种有鳞角须爪、能兴云布雨的神异动物，在封建王朝是皇帝的象征，有着至高无上的权威。常州古时候又叫龙城，沾有龙气，喻为人财兴旺的吉祥之地。

据史料记载，明隆庆六年（1572年），常州知府施观民建“龙城书院”，可见，400多年前常州就有龙城之名。清乾隆皇帝六次巡视江南，三次到常州天宁寺拈香礼佛，并御笔题写了“龙城象教”的匾额，足可表明对常州称作龙城给予了确认。

刻舟求剑

战国时，楚国有个人坐船渡江。船到江心，一不小心，他把随身携带的一把宝剑掉落于江中。船上的人对此感到非常惋惜，但这个人似乎胸有成竹，从容不迫地掏出一把小刀，在船舷上刻上一个记号，并向大家说："这是我的宝剑落水的地方，所以我要刻上一个记号。"

大家虽然都不理解他为什么这样做，但也不再去问他。

船靠岸后，这个人立即在船舷刻记号的地方下水，去捞取掉落的宝剑。捞了半天，不见宝剑的影子，他觉得很奇怪，自言自语道："我的宝剑就是在这里掉下去的，我还在这里刻了记号，怎么会找不到呢？"

船上的人听到后纷纷大笑起来，说："船一直在行进，而你的宝剑却沉入了水底不动，你怎么找得到你的剑呢？"

其实，剑掉落在江中后，船继续行驶，而宝剑却不会再移动。像他这样去找剑，真是太愚蠢可笑了！

【听一听，读一读】

听故事，读故事。

【读一读，记一记】

1. 积累成语。

刻舟求剑　　胸有成竹　　从容不迫　　自言自语

2. 读儿歌《刻舟求剑》。

楚人过江掉了剑，
刻个记号在船舷。
等到小船靠了岸，
方才下水去捞剑。
船前行而剑不动，
岂能找到他的剑？

【想一想，议一议】

楚人在船舷上剑掉下去的地方刻了记号，为什么从刻记号的地方跳进水里却没有找到他的剑呢？

【读一读，演一演】

读故事，再和小伙伴们合作演一演。

【文化链接】

《刻舟求剑》原文：

楚人有涉江者，其剑自舟中坠于水，遽契其舟，曰：“是吾剑之所从坠。”舟止，从其所契者入水求之。舟已行矣，而剑不行，求剑若此，不亦惑乎？

——《吕氏春秋·察今》

译文：

楚国有个渡江的人，他的剑从船里掉入水中，他赶紧在船边掉剑的地方刻了一个记号，说：“这是我的剑掉下去的地方。”船停下来后，他便从自己刻记号的地方跳进水里去找剑。船已经向前走了，而剑不会随船前进，像这样找剑，岂不是太糊涂了吗？

单元回顾

1. 成语连连看。用线连一连表格中的成语，看谁连得又快又对。

自	哑	坐	井	观	天
叶	相	口	无	风	和
公	刻	矛	盾	言	日
好	龙	舟	求	剑	丽

2. 成语儿歌诵。

选择自己喜欢的成语儿歌，拍着节奏读一读，或者打着节拍唱一唱。

3. 看图猜寓言成语，并把成语写下来。

第四章

成语文化课程的实施与评价

第一节 成语文化课程的实施建议

一、课时安排

校本课程作为新课程改革中课程设置的一个重要组成部分，其作用不容置疑。除国家课程内容之外，地方课程与校本课程的总课时占20%。成语文化课程是学校的特色类课程，我们根据课程内容和实施对象安排了两种课程形态——校本必修课程和校本选修课程。

校本必修课程主要由学校开发校本教材进行实施，每周一课时。校本选修课程主要由学校组织开发实施，学生自主选修，着眼于培养学生兴趣，发展学生个性；实行走班制，如“成语剧场”“成语儿歌诵读”等，统一安排在每周一下午第二节课。学生根据自己的兴趣爱好，在每学期初进行自主报名，每一门选修课程的教师相对固定，活动地点固定，人员基本固定。

除此之外，学校还创新设计学生的校园生活，开展一系列丰富的成语活动。“成语文化艺术节”一般安排在上半年，时间一个月，活动内容包括开展成语儿歌朗诵会、成语知识擂台、成语故事插画展、经典成语故事演讲、成语游戏创编、成语新说比赛等。“成语嘉年华”活动一般安排在下半年，主要以游乐项目为主，施行全校联动、学生走班的游戏模式，让学生在浓厚的成语文化氛围中爱上成语游戏。

二、课程实施的注意点

作为校本课程，成语文化课程在实施过程中要注意以下几个方面的问题。

1. 充分发挥师生的主动性和创造性

学生是成语文化课程学习的主体，教师是学习活动的组织者和引导者。教学时应激发学生的学习兴趣，培养学生自主学习的意识和习惯，引导学生掌握成语学习的方法，为学生创设有利于开展自主、合作、探究性学习的环境；应尊重学生的个体差异，鼓励学生选择适合自己的学习方式。

教师应树立适应社会发展和满足学生需求的教育观念，注重吸收新知识，不断提高自身的综合素养。应认真钻研成语校本教材，正确理解、把握教材内容，创造性地使用教材；积极开发、合理利用课程资源，灵活运用多种教学策略和现代教育技术，努力探索网络环境下新的教学方式；精心设计和组织教学活动，重视采用启发式、讨论式教学方法，启迪学生智慧，提高成语文化课程的教学质量。

2. 努力体现课程的实践性和综合性

教师应努力改进课堂教学，整体考虑知识与能力、过程与方法、情感态度与价值观三维目标，注重听说读写之间的有机联系，加强教学内容的整合，统筹安排教学活动，促进学生成语素养的整体提高。

重视朗读、识记、口语交际、搜集与处理信息等成语课程中的实践活动，提倡多读多写，改变机械、粗糙、烦琐的作业方式，让学生在实践中学习成语，学会学习。善于通过单元主题学习等方式，沟通课堂内外，沟通听说读写，增加学生成语文化课程实践的机会。充分利用学校、家庭和社区等教育资源，开展综合性学习活动，拓宽学生学习成语的空间。

3. 重视情感态度与价值观的正确导向

培养学生正确的思想观念、科学的思维方式、高尚的道德情操、健康的审美情趣和积极的人生态度，是与帮助他们掌握学习方法、提高运用成语的能力融为一体的，不应该将其当作外在的附加任务。应根据成语文化课程的特点，注重熏陶感染、潜移默化，把成语内容渗透于日常的教学过程之中。

4. 重视培养学生的创新精神和实践能力

成语教学要注重语言的积累、感悟和运用，注重基本技能训练，让学生打好扎实的成语基础。尤其要注重激发学生的好奇心、求知欲，发展学生的思维，培养学生的想象力，开发学生的创造潜能，提高学生发现问题、分析问题和解决问题的能力及综合运用成语的能力。

三、课程实施的具体建议

教育是面向未来的事业，成语文化课程不仅能给学生提供文学滋养，而且蕴藏在成语故事中的智慧、风骨、胸怀和操守都将成为新一代青少年学习的重要资源。让学生从一年级开始接触成语，不仅可以使学生熟记成语，而且丰富的成语内涵和底蕴会使他们受益终身。需要注意的是，学生生理、心理以及语言能力的发展具有阶段性特征，在成语文化课程实施过程中，教师应该根据不同学段学生的特点采取合适的教学策略。

1. 关于成语识字与写字教学的建议

识字与写字是阅读和写作的基础，是第一学段（1 ~ 2 年级）的教学重点，也是成语文化课程的重要教学内容。低年级学生“会认”与“会写”的字量要求有所不同，在教学过程中要让学生“多认少写”。本课程在低年级成语教学中精心选择 32 则标注拼音的成语故事，将成语与创世神话、民间故事、寓言故事相结合，与人物、山水相结合，逐步发展低年级学生识字与写字的能力。成语识字教学要注意考虑学生的心理特点，将学生熟识的语言要素作为主要材料，结合学生的生活经验，引导他们利用各种机会主动识字，力求识用结合。要运用多种多样的教学方法和形象直观的教学手段，创设丰富多彩的教学情境，提高识字教学效率，引导学生积累、朗读、背诵有益的成语，丰富学生的成语储备量。

在第二学段（3 ~ 4 年级）的成语教学中，通过具体形象、生动鲜活，融历史、名著等为一体的 32 则成语故事，激发学生学习和研究成语的兴趣，丰富学生对成语故事的情感体验，使学生充分领略成语故事简洁精辟、寓意深长的内涵，在丰富词汇、增长知识的同时，获得智慧，陶冶情操。

在第三学段（5 ~ 6 年级）的成语教学中，拓展学生的学习空间，将 32 则成语与唐诗宋词、军事、地理、名著相融合，培养学生的理解能力、创造能力、表演能力、写作能力和热爱祖国传统文化、品味祖国文化瑰宝的情操。

2. 关于成语阅读教学的建议

阅读是运用语言文字获取信息、认识世界、发展思维、获得审美体验的重要途径。阅读教学是学生、教师、文本之间对话的过程。

阅读是学生的个性化行为。阅读教学应引导学生钻研文本，在主动积极的思维和情感活动中，加深理解和体验，受到情感熏陶，获得思想启迪，享受审美乐趣。教师要珍视学生独特的感受、体验和理解，要加强对学生阅读的指导、引领和点拨，但不应以自身的分析来代替学生的阅读实践，不应以模式化的解读来代替学生的体验和思考；要引导学生通过合作学习解决阅读中的问题，但也要防止用集体讨论来代替个人阅读。

阅读教学应注重培养学生感受、理解、欣赏和评价的能力。这种综合能力的培养，各学段可以有所侧重，但不应把它们机械地割裂开来。

在理解成语的基础上，提倡多角度、有创意的阅读，利用阅读期待、阅读反思和评价等，拓展思维空间，提高阅读质量。要注意防止逐字逐句地过深分析和远离文本的过度发挥。

各个学段的阅读教学都要重视朗读和默读。要让学生在朗读中通过品味语言体会作者在其作品中所表现出来的情感态度，学习用恰当的语气、语调朗读，表现自己对作者在其作品中所表现出来的情感态度的理解。朗读要提倡自然，摒弃矫情做作的腔调。

应加强对阅读方法的指导，让学生逐步学会精读、略读和浏览。有些与成语相照应的诗文应要求学生诵读，以利于学生丰富积累，增强体验，培养语感。

3. 关于成语写作教学的建议

写作是运用语言文字进行表达和交流的重要方式，是认识世界、认识自我、创造性表达的过程。而成语是鲜活的语文，我们结合学生实际，精选成语故事编制教材，全套成语教材共六册，包含96则成语故事，有助于增长学生历史、地理、军事、诗文、自然和社会文化等方面的知识，大大提高学生的写作能力。

关于写作的目标，第一学段定位于“写话”，第二学段开始“习作”，这是为了降低学生写作起始阶段的难度，重在培养学生的写作兴趣和自信心。

在写作教学中，注重培养学生观察、思考、表达和创造的能力。要求学生说真话、实话、心里话，不说假话、空话、套话，坚决抵制抄袭行为。

为学生的自主写作提供有利条件和广阔空间，减少对学生写作的束缚，鼓励自由表达和有创意的表达，鼓励写想象中的事物。加强练笔指导，改进作文命题方式，提倡学生自主选题。

抓住立意、构思、取材、起草、加工等环节指导学生进行写作实践，注重引导学生在自我修改和相互修改的过程中提高写作能力。

重视写作教学与阅读教学、口语交际教学之间的联系，善于将读与写、说与写有机结合，以达到相互促进、共同提高的目的。关注作文的书写质量，使学生把作文的书写也当作练字的过程。

利用信息技术与网络的优势，丰富写作形式，激发学生的写作兴趣，增加学生创造性表达、展示交流与互相评改的机会。

4. 关于成语主题性学习与探究性学习的建议

成语的主题性学习与探究性学习，主要体现为成语知识的综合运用、听说读写能力的综合发展、成语文化课程与其他课程的融合、书本学习与生活实践的紧密结合。

主题性学习与探究性学习应贴近现实生活。联系生活中的实际问题开展学习活动，在实现成语学习目标的同时，加深学生对自然、社会现象及问题的认识，鼓励学生追求积极、健康、和谐的生活方式，增强学生抵御风险和侵害的意识，提高学生在与自然、社会和他人互动中的应对能力。

主题性学习与探究性学习应突出学生的主体地位，培养学生主动积极参与的精神，主要由学生自行设计和组织活动，尤其要注重探索和研究的过程，加强教师在各环节中的指导作用。此外，还应强调合作精神，注重培养学生策划、组织、协调和实施的能力。

主题性学习与探究性学习的设计应开放、多元，将成语文化课程与其他课程相结合，开展跨领域、跨学科学习，以提高学生的综合素养。

积极构建网络环境下的学习平台，拓展学生学习和创造的空间，丰富成语文化课程的学习内容。

第二节　成语文化课程的教学策略

为更好地达成课程目标，依据学生的实际，学校对成语文化课程的教学策略进行了总体考虑，主要有以下几点。

一、课堂教学生活化

课堂教学生活化，表现为教师在成语教学设计、实施、反思等活动中，高度关注学生的生活世界与书本世界的联系，努力打通两个世界，在两个世界之间搭建起一座桥梁。“回归生活世界”是新课程改革的基本主张，这一主张转化为课堂教学实际行为，就是要求教师树立生活中蕴含着各种成语教学资源的观念，有意识地将相关资源引入实际教学中，将生活资源转化为教学资源。事实证明，生活世界的相关成语内容被纳入课堂教学中，学生参与课堂教学的热情会提高，对成语的掌握程度也会提高。

教师可以在课堂导入环节以成语文化资源激发学生的学习兴趣，引导学生进入学习状态，如课前的成语接龙等活动；可以在传授新知时把生活世界的某些相关经验作为了解与掌握新知的“敲门砖”；可以在课堂临近结束时把生活中的某些问题呈现出来，让学生运用新知识解决实际问题，从而进一步提升学生运用成语的能力与水平；也可以在整个课堂教学过程中将生活世界的资源作为引导学生学习的重要工具。

在教学过程中，既要防止无视学生生活世界中的重要教学资源，一味向学生灌输书本知识的情况出现，又要杜绝生拉硬扯、牵强附会联系社会实际或学生经验感受，生硬地将书本知识与生活世界联系起来的现象，同时要注意不能将联系生活经验当作教学的点缀。换句话说，用在当用时，行在当行处，这本身就是一种艺术。

二、学生学习主动化

学生学习主动化，表现为在成语课堂教学中，学生的学习主体地位得到确立，学生的学习潜能得到发掘与体现，学生能够在教师指导下发挥自身的主观能动性，积极参与到教学过程中，通过互动、对话获取知识，提升能力。

无论是素质教育提倡的学生主动发展，还是新课程强调的重过程、重体验、重探究，都需要使课堂教学的重心真正实现下移，让学生在课堂上活起来、动起来，在学生的主动参与中实现教学目标，促进学生的成长与发展。

以学生主动发展为着眼点，教师在课堂教学中要给予学生自主支配的时间与空间，从学生的角度选择教学内容与教学方法。真正站在学生的立场去观察与思考课堂，教师就会认识到，学生既有的经验有哪些；教学内容与学生已有的认知水平有无差距，差距有多大；如果将某些知识点交给学生自行去探讨，他们会遇到哪些障碍，产生怎样的问题；教师应如何帮助学生解决问题；现有课时与学生主动学习有无矛盾，这些矛盾应如何解决；等等。

三、教学方式游戏化

席勒在《审美教育书简》中指出，只有当人是完全意义的人的时候，他才游戏，并且只有当他游戏的时候，他才是完全的人。一切有意义的教育，其动力都来自学生自发的活动、游戏和模仿。

游戏化教学就是以游戏作为课堂教学的组织形式，把达成教学目标的教学内容贯穿在其中的教学。与生活中的游戏相比，教学活动中的游戏更加强调有组织、有目的、有计划、有任务，二者都注重激发学生的参与兴趣和挑战自我的欲望，注重合作学习与活动体验。教学方式游戏化，一方面可以寓教于乐，追求教学内容与游戏要素之间的有机融合；另一方面可利用游戏的竞争性和挑战性实现有意义学习，激发学生的学习动机，提高学习效率。成语课堂教学游戏化，使教师更加关注学生的人性，更加关注教学情境，更加注重教学形式的多样化和整合性。

四、探究学习合作化

合作学习是成语课堂教学中充分发挥学生主体作用的一种有效方法，也是引导学生主动学习的重要途径，是充分利用小组合作学习提高学习效率的学习形式。合作学习可以培养学生独立思考、善于发言、认真倾听的习惯，以及对别人的发言进行辨别、评价的能力等。如教师引导学生讨论成语作文评改提纲，分小组分别从立意、选材、起草等方面进行，教师深入各小组点拨指导，再由各小组选出有代表性的提纲在班上进行交流。如果学生没有指出存在的问题，教师应及时点拨纠正，告诉学生为什么错，怎样做才符合要求，帮助学生排疑解难。

五、师生互动有效化

成语课堂教学是师生互动的过程。这里的互动主要体现在这样几个方面：一是要在学生积极参与的状态下进行，学生有互动的愿望和兴趣，并且掌握了互动的方法。二是可以在多个不同的维度展开，既有个人与个人的互动，也有个人与小组的互动，同时也可以有小组与小组、个人与小组等多种形式的互动。三是紧紧围绕教学目标与教学内容加以设计与安排，互动形式的选择、过程的掌控等都从教学的既定要求出发。四是与其他教学方式相配合，既有学生的互动，也有教师的引导和讲解；既有智慧与经验的分享，也有理性的提炼与升华。

六、学科教学整合化

成语课堂教学必须牢牢树立整合的观念，用系统、整合的眼光考察与分析课堂教学的行为以及行为中的诸要素，使教学的各环节与各方面形成一个有机联系的整体，关注学科之间的联系。教学的整合还表现为教师在教学中一方面关注本学科教学的目标与要求，另一方面关注其他学科的教学进度，分析其他学科与自己所教学科内容间的联系，并有意识地引导学生借助其他学科的知识、资源等学习本学科知识。教学时联系各学科之间的知识，不仅有助于学生掌握本学科知识，而且有助于学生将知识融汇贯通，整体掌握并能灵活运用所学知识。

第三节　成语文化课程的评价要求

成语文化课程的开发和实施，最重要的是完善课程自身，所以，首先要对成语文化课程进行科学的评价。当然，评价离不开课程的实施及其效果，所以，对课程实施过程及其效果起关键作用的教师和学生的评价也要严谨地展开。

一、对成语文化课程的评价

成语文化课程实施效果与课程开发价值、课程目标和课程内容等一系列因素都有密切关系，所以首先要从课程开发的角度去评价成语文化课程。从课程开发的意义来说，我们主要从是否与国家课程密切联系、是否体现成语的文化价值、对学生各方面素质提高的意义这三个方面进行评价；从课程目标来说，我们主要从目标是否明确清晰、三维目标（知识与能力、过程与方法、情感态度与价值观）是否都有体现这两个方面进行评价；从课程内容来说，我们主要从三个方面进行考虑，一是内容组织是否完整、层次分明、框架清晰，二是内容是否科学、启发性强、突出能力，三是思想性、实用性是否都有体现；从学生学业评价来说，我们主要考虑是否具有可操作性、科学、全面并具有激励性的作用。

二、对教师的评价

语文教师是成语文化课程的实施者，语文教师在课程实施过程中是否充分发挥了教学的创造性，将直接影响到教学活动开展顺利与否，以及学生的探究活动能否深入且取得预期的效果。因此，对教师的评价是成语文化课程实施过程中的重要环节。对语文教师的评价要充分体现多元化，要坚持发展性评价观，积极促进语文教师在学生评价、同行评价、领导评价的基础上，针对教学目标的制订、教学内容的选择、教学活动的组织等方面进行自我反思性评价，不断提高自己的课程实施能力。

表1 对教师的具体评价

评价主体	评价内容	描述性评价
学生评价	精心备课，对该课程充满热情	
	教学活动组织得好，学生兴趣较高	
	指导学生如何学习成语、查资料、写作文等	
	对成语文化有一定研究	
	学生听完每节课都有收获	
	教学中存在哪些问题	
同行评价	教学目标合理，教学内容适宜	
	对成语文化及相关材料的掌握程度较高	
	课堂教学体现对话理念，课堂气氛活跃	
	提出有争议性的问题让学生讨论并发表自己的见解	
	教学方法灵活多样且富有启发性	
	组织教学活动及指导学生活动的能力较高	
	及时评价学生，体现发展性评价理念	
教师自评	是否树立了新的课程观与教学观	
	是否达到了该课程预期的目标	
	教学过程以学生为主体，重视学生学习方式的转变	
	关注学生语文素养的提高和对中华民族优秀传统文化精神的传承	
	教学既面向全体学生又关注个体差异	
	是否及时进行教学反思	
	教学该课程最大的收获是什么	
领导评价	对成语文化课程内涵的理解	
	开发课程资源的能力	
	参与课程开发的态度	
	认同同行的评价并积极改进	

三、对学生的评价

成语文化课程要突出课程评价的整体性和综合性，要从知识与能力、过程与方法、情感态度与价值观三方面进行评价，以全面考查学生的语文素养。成语学习具有重情感体验和感悟的特点，因而量化评价不能成为成语文化课程评价的主要手段。实施评价，应注意将教师的评价、学生的自我评价与学生间的相互评价相结合。学校主要采用以下三种具体评价方式。

1．真实情境中的表现性评价

这是一种让学生通过实际活动来表现对学习目标掌握情况的评价方式。在这种评价中，学生要根据活动要求进行建构，而教师则要观察和评价这一建构的过程，尽可能地考虑评价过程的类推性、真实性、可靠性和可行性等因素。这种评价方式主要针对成语文化内涵的生成性理解进行。因成语丰厚的思想内涵、优秀的民族精神传统、启人智慧的哲理，在每个学生学习的成果表现中有的是外显的，有的则是内隐的，所以更适合采用这种评价方式。

2．分值评定

这种评价方式主要用于评价学生提交的书面结果，如成语作文、成语接龙、成语插画及收集资料的情况。具体可分为教师评价、学生互评和学生自评。

3．等级评定

等级评定多用于成语文化主题活动课、小组讨论课、实践活动课等。教师应注重发挥评价的诊断、激励与发展功能，注重教学过程中的形成性评价。学生的学习兴趣、学习动机及在学习活动中的表现都应成为评价的对象。通过评价发现学生多方面的潜能，关注学生发展中的需求；通过学生自评、组内互评、教师评价等多种评价方式综合评价学生在知识与技能、探究能力、创新意识、情感态度与价值观等方面的变化与进步，及时发现学生在学习过程中的优势与不足，对其提出发展性的建议，从而促进学生素质的不断提高。

表2 对学生的具体评价

评价对象	评价因素	评价主体				综合评价
		自评	组内互评	教师评	家长评	
学习前的准备	掌握学习目标					
	学习计划与安排					
	学习动机					
	学习毅力					
学习活动表现	兴趣程度					
	探究能力					
	合作能力					
	创新能力					
	提出问题、分析问题、解决问题的能力					
	查阅资料的能力					
	认同他人评价并积极改进					
学习效果	成语积累的情况					
	学习成语的态度、习惯					
	对成语主要内容及关键信息的把握程度					
	运用成语的能力					
	对中华优秀传统文化的情感					
成果展示	课本剧					
	成语儿歌诵					
	成语故事演讲					
	……					

第五章

成语文化课程的课型研究

第一节　成语文化课型研究概述

一、课型的定义

课型是指课的某种类型或模型。关于课型，专家们有不同的说法。阎立钦指出：课的类型是指根据教学目标和任务而划分的课的种类。余映潮指出：课型是由一节课的教学内容、教学目标、教学方式、师生双方在教学中的地位所决定的课堂教学结构；也可以说，一节课中主要的教学活动方式是什么，这节课就可以称为什么课型。由此可见，对课型的定义主要分为两种：一种是指某一类课，另一种是指某一种教学结构。但无论是哪一种定义，都将课型研究单一化、模式化，忽略了课堂的动态生成与学情的变化。综合各类观点，我们对课型的定义如下：课型，即基于具体教学内容、教学目标相对明确、教学过程遵循一定的内在联系且能更好地实现教学目标的课。

课型是课的类型或课的结构化图式的简称，它是结构化的教学目标、结构化的教学过程及教学目标与教学过程内在有机组合关系的总称。每一种课型都包含对教学目标、教学内容、教学过程、教学方法以及评价方式等要素及其关系的整体性理解。也就是说，课型有点类似格式塔心理学所讲的“图式”概念，是我们对某类教学内容、教学过程、教学对象或教学环境的关系性把握，是对教学要素及其复杂关系的整体抽象。它既是理念的具象化表达，也是对众多个别化实践的普遍化抽象，集抽象与具体于一身，是理论与实践沟通的桥梁。

二、成语文化课型研究的分类

当前，在语文学科领域，课型的划分有多种方法。如根据文体划分，有记叙文教学、议论文教学、说明文教学、现代诗教学、文言文教学、古诗词教学及小说教学等；根据目标指向划分，有识字教学、阅读教学、写作教学等。

成语文化教学内容包含多个层面，涉及领域广泛。在具体的教学中，成语只是一种媒介，它会存在于故事（包括历史故事、寓言故事、神话故事等）之中，也会出现在韵语、儿歌之中，呈现出文体的多样性、主题的多元化。在具体进行课型研究时，我们一直在思考以怎样的标准来划分成语文化课型。关于这个问题，教育界至今尚无定论。

我们立足语文新课标中的学习内容领域划分，尝试将成语文化与语文学科进行有机融合，将成语文化课型分为成语文化诵读课型、成语文化识字与写字课型、成语文化表演课型、成语文化习作课型、成语文化探究课型、成语文化主题阅读课型。从宏观角度看，每种课型都涉及了各个年段的能力要求和教学内容。从中观角度看，每种课型的具体实施在不同年段都有不同的彰显，如低年段侧重于成语文化诵读课型和成语文化识字与写字课型的实施，中、高年段则侧重于成语文化表演课型、成语文化习作课型、成语文化探究课型、成语文化主题阅读课型的实施，尽量让每个年段的学生都能受到成语文化的滋养。从微观角度看，每种课型所提炼的操作流程都是整个教师团队经过课堂教学实践检验的成果，每一个具体的操作环节都能作为一线教师进行移植教学的参考样态。

三、成语文化课型的构成要素

作为具有实际意义的课型，必须具备一些构成课型的基本要素。如果不具备这些要素，那么课型就失去了其价值。

1. 开发该课型的育人价值

这是解决为什么要上这类课的问题。从传统文化的角度来看，独特的育人价值在于除了能丰富学生的成语文化知识以外，还可以为学生提供认识与改变世界的资源。中华文化所独有的思维方式，以及唯有在成语文化学习中才能获得的经历和体验，可以提升学生发现、欣赏和表达成语文化美的能力。教师要对成语文化课型的独特育人价值有整体的把握，要对如何促进学生语文素养的发展，以及如何满足学生的学习需求等关键问题心中有数。

2. 设计序列化的教学目标和教学内容

这是解决该课型究竟教什么及教到什么程度的问题，即明确上该类课到底能解决什么问题，能够有助于学生的语文素养和语文能力达到什么程度，何以确立是这些目标而不是那些目标。确立教学目标必须有两大依据，一是教学内容的选择，二是学情分析。教学目标和教学内容都是序列化的。所谓序列化，就是要分为经、纬两条线。经线是指年段目标的递进，即按照年级从低到高形成相应的教学目标。纬线是指内容维度，即从各年段教材中生发出与年段目标相匹配的教学内容，形成横向系列。经、纬两条线有机关联，共同构建明确的教学目标和完整且立体的教学内容体系。

3. 架构教与学活动的结构化流程

这是解决该课型的教学结构的问题，即“建模”。这种设计以流程图的形式呈现，目的是让教师在实践该类课的过程中能有可借鉴的操作范式。整个课型的流程分为教师活动和学生活动，两者是课堂教学中有机统一的整体，充分体现“以教师为主导、以学生为主体”的新课程理念。在这里需要强调的是，课型不是仅有一种模式，而是会衍生出多种变式，这就需要教师在原有流程的基础上灵活掌控。流程的每一步都有较为详尽的说明，以使操作步骤更加清晰明确。

4. 形成该课型的实施建议

这是解决该课型如何在课堂上进行实际操作的问题，即该课型进入教学实施阶段后，具有哪些基本教学流程。这个要素是对课型价值和目标的具体转化，其目标是形成该课型的教学过程逻辑，使课型顺利进入教学实施和操作阶段。它对课型实践形态的形成是至关重要的。

5. 呈现具体的课例与评析

这是在积累一定的实践成果，也是为教师从事后续的教学活动提供样本。课型毕竟只是一个教学模型，无法全面反映某类课型在课堂教学中的所有环节及师生活动。课堂教学中存在的变数很多，除了需要教师具备一定的教学智慧外，前期整理积累的一些具有典型意义的教学设计或教学实录也能帮助教师走出教学盲区。

第二节　成语文化诵读课型

成语文化诵读课中的成语是从人们日常使用的大量成语中精选出来的，这些诵读内容语言生动，通俗易懂，能够帮助学生理解成语，学习知识，使学生充分感受到中华传统文化的独特魅力。成语诵读是一种新的尝试，它试着跳出常见的古板、枯燥的文字叙述方式，把艰深的道理以通俗易懂、明白如话的形式吟唱出来，韵律轻快，读来朗朗上口，易懂易记，让学生在轻松愉快之中学习并领会成语，体现了寓教于乐的特点。

一、成语文化诵读课型对学生成长的独特价值

其一，学生诵读经典成语，会逐渐形成精神集中、内心宁静的良好读书习惯，从而使学习的效率和质量明显提高。学生将经典成语存储到自己的头脑里，在日常的学习与生活中就会潜移默化地进行消化，从而使理解能力也获得提升。

其二，当代社会流行读物泛滥，信息过剩。生活在这样的环境下，非常容易滋生浮躁的心理，有些人甚至会产生无法摆脱的困惑和焦虑，对活着的意义和价值产生疑问，从而厌倦生命、质疑社会。经过经典成语诵读的熏陶，可让学生从小树立“修身、齐家、治国、平天下”“立功、立言、立德”等人生志向，从而懂得担当与责任，懂得如何更好地实现人生的价值。

其三，成语诵读可以提高学生的语言表达能力和写作能力。“读书破万卷，下笔如有神。”成语诵读除了为学生写作提供大量的引经据典的丰富内容之外，还可以使学生学习古人的逻辑思维和写作的基本知识，大大提高学生的表达能力。

二、成语文化诵读课型的序列化教学目标和教学内容

根据学生的年龄特点，学校通过开展成语文化诵读课，弘扬祖国优秀的传统文化，让学生从小就开始积累语言文化知识，从而提高学生的语文综合素质和人文素养；使学生传承中华民族精神和文化，发扬中华传统美

德，潜移默化地形成优良的道德思想，并逐渐完善自己的人格，进而促进学生的可持续发展，使学生健康成长。

年段	年段目标	教学内容
低年段	在正确认读成语的基础上，养成爱背成语的习惯。正确、流利地诵读和成语相关的儿歌。在教师的指导下配合图画、节拍等形式强化诵读的方法，初步说说自己诵读的感受，体会诵读成语儿歌的情趣。	以经典的民间传说、寓言、神话故事为主，诵读与成语相关的儿歌。如炼石补天、牛郎织女、八仙过海、水漫金山等。
中年段	在正确诵读的过程中体验情感，展开想象，领悟成语的大意。能复述成语故事的大意，初步感受成语诵读中人物的命运和喜怒哀乐，与他人交流自己的诵读感受。	以“数字”“植物”“历史”“诚信”等为主题，进行主题成语诵读。如“数字”类：一元复始、阳春三月、五黄六月、数九隆冬；“历史”类：一鼓作气、破釜沉舟、退避三舍、四面楚歌。
高年段	在了解成语大意的同时，注意通过语调、韵律、节奏等体味成语的内容和情感。想象诵读内容描述的情境，体会其情感。受到成语文化的感染和激励，追求美好的理想。	以与古诗词相关的成语为主，诵读唐诗、宋词。如白云苍狗、珠落玉盘、冰心玉壶、沙场点兵、怒发冲冠、乍暖还寒、玉宇琼楼等。

三、成语文化诵读课型的一般教学流程

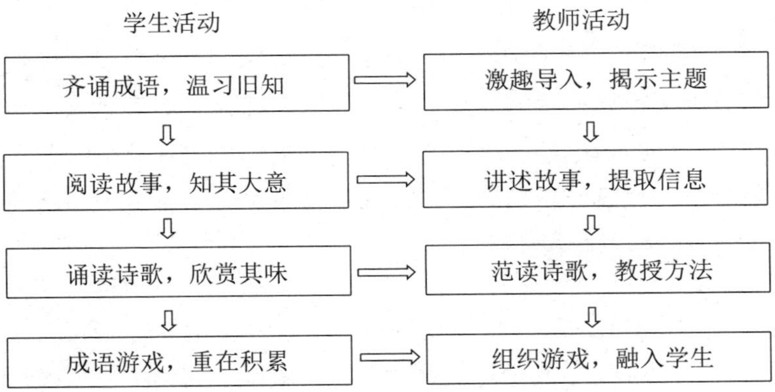

1. 齐诵成语，温习旧知

首先，在一节课的开始，全班进行成语诵读。诵读内容就是之前学过的成语，这些成语可以有主题地呈现，也可以按照一定韵律编排，力求朗朗上口。这样做,一方面可以帮助学生巩固旧知；另一方面能活跃上课气氛，激发学生的学习兴趣。

2. 阅读故事，知其大意

通过观看视频或自己阅读的方式了解成语故事的梗概，生动形象的语言配上精美的画面，能够吸引学生的注意力，让学生在成语故事中自然而然地理解成语的意思。

3. 诵读诗歌，欣赏其味

选择和本课成语有关的儿歌、古诗词等，通过自读、齐读、男女生读、同桌合作读等多种方式让学生积累成语，活跃课堂气氛，调动学生学习成语的积极性。

4. 成语游戏，重在积累

在成语文化诵读课的最后，学生的注意力多有所下降，此时可将成语游戏融入课堂，如成语接龙、看图猜成语等，重在丰富学生的成语积累，让他们在玩中学、学中玩。

四、成语文化诵读课型的实施建议

1. 重视朗读，简单理解

因为成语文化诵读课型重在诵读，所以在课堂上的齐读要间隔性地不断进行，让学生的嘴巴动起来。为了让学生读得准确、清楚，领读和开火车读可间隔进行。语文教师的责任就是让学生把字音读准，对成语理解到什么程度则可以相对弱化。

2. 教学形式，丰富多样

让学生采用多种形式进行成语诵读，在轻松的氛围中浸润成语精髓。如低年段可以让学生跟着视频学习成语儿歌、跳成语儿歌舞；高年段可以让学生根据与成语相关的古诗想象画面，进行成语的诗画创作。

3. 开展活动，促进教学

成语文化诵读课型重在积累，所以反馈和评价非常重要。在学期中和学期末可以开展多种形式的评价活动，如成语古诗词朗诵比赛、成语诗画作品展等。

五、课例与评析

成语故事《一鸣惊人》教学设计

【教学目标】

1. 齐诵成语，巩固旧知。
2. 听成语故事《一鸣惊人》，了解故事大意。
3. 学习儿歌，熟读成诵。
4. 玩成语游戏，重在积累。

评析：四个目标没有被机械地割裂开，而是巧妙地渐次推进。听中有记，读中有品，学中有玩。

【教学过程】

一、齐诵成语

齐诵描写春天的成语：春回大地、万物复苏、柳绿花红、莺歌燕舞、冰雪融化、泉水叮咚、百花齐放、百鸟争鸣。

二、讲成语故事

战国时期，年经的齐威王继承王位后骄傲自满，整天饮酒作乐，不理朝政。

就这样过了三年，国家政治混乱，邻近的魏国常派兵前来攻打，齐国危在旦夕。大臣淳于髡想了个激励齐威王的办法，他说：“大王，臣听说有一只大鸟落在大王的庭院里，三年来不飞也不叫……”他故意停顿一下，试探地问：“大王知道这是一只什么鸟吗？”齐威王知道淳于髡是在暗喻自己，就回答道：“此鸟不飞则已，一飞冲天；不鸣则已，一鸣惊人！”

从那以后，齐威王开始整顿国家，惩治贪官，奖赏提升清廉有才能的官员，加强军队力量，国家日渐强大。齐威王还出兵打败了入侵的魏国军队。

齐威王“一鸣惊人”，使各国君主都感到震惊。

成语“一鸣惊人”比喻平时没有特殊的表现，一干就有惊人的成绩。

评析：采用故事导入法，直击主题，将艰涩难懂的成语在故事中化繁为简，吸引了学生的注意力，调动了课堂气氛。

三、儿歌阅读

春秋霸主齐威王，初登王位很荒唐。
沉湎声色与犬马，谁敢劝谏杀无妨。
谋臣淳于巧讽谏，有鸟三年无锋芒。
威王因此决心下，奋发勤政图富强。
举贤任能谋大业，发展生产固国防。
一鸣惊人齐国兴，一飞冲天成霸王。

评析：根据故事情节，巧妙地提炼儿歌，不仅有助于学生在诵读中深化对成语内容的理解，更能使学生在愉悦的氛围中享受到阅读的乐趣，有效地训练语感。

四、成语游戏

1. 与数字有关的成语

一飞冲天　一清二白　三心二意　四面八方　五光十色

五颜六色　七上八下　八仙过海　九牛一毛　十全十美

2. 积累名句

一寸光阴一寸金，寸金难买寸光阴。

千里之行，始于足下。

评析：在玩中学，在乐中学，有助于激发学生学习语文的兴趣，使枯燥的成语积累变得富有趣味性，让学生在活泼轻松的游戏中不知不觉地将成语牢记在自己的脑海中。

（本课设计者：郑玉蓉）

成语与名著《西游记》教学设计

【教学目标】

1. 齐诵成语，巩固旧知。

2. 听成语故事《齐天大圣》《摇身一变》《龙生九子》《道高一尺，魔高一丈》，了解故事大意。

3. 采用各种形式朗读成语，熟读成诵。

4. 玩成语游戏，重在积累。

【教学过程】

一、齐诵成语

齐诵生肖成语接龙：鼠肚鸡肠—牛头马面—虎踞龙盘—兔死狐悲—龙飞凤舞—蛇口蜂针—马到成功—羊肠小道—猴年马月—鸡毛蒜皮—狗急跳墙—猪狗不如。

评析：以生肖成语接龙导入，既能使学生有主题地积累成语，又能充分调动学生的学习积极性，一举两得。

二、讲成语故事

《西游记》是中国四大古典名著之一，是中国古代第一部浪漫主义章回体长篇神魔小说，取材于《大唐三藏取经诗话》和民间传说。小说主要描写了孙悟空、猪八戒、沙和尚三人保护唐僧西行取经，沿途遇到八十一难，一路降妖伏魔，化险为夷，最后到达西天取得真经的故事，表现了惩恶扬善的主题。白化文教授评价道："《西游记》其想象新奇，上天下地，出神入化，可说达到了登峰造极的地步。主要人物的性格也极为鲜明，而且读者面最宽，老少咸宜。此书的副作用极小，是一部鼓舞人积极斗争、永不灰心、为达到目标而百折不挠的书。"

本课要学的成语就来自这本书，我们一起来读一读吧！

三、了解成语

诵读四个成语：

齐天大圣　摇身一变　龙生九子　道高一尺，魔高一丈

评析：这四个成语都与《西游记》有关，每个成语的背后都有一个生

动的神话故事，学生比较容易记忆。

四、成语游戏

警句成语接龙。（以名言警句的每一个字作为相接成语的字头）

世上无难事：世风日下—上行下效—无法无天—难能可贵—事出有因；

只怕有心人：只争朝夕—怕硬欺软—有备无患—心平气和—人才辈出。

评析：以游戏贯穿整节课，符合低年段学生的心理特征，学生在游戏中不仅能诵读更多的成语，也能识记更多的生字。

（本课设计者：朱佳宁）

成语故事《珠落玉盘》教学设计

【教学目标】

1. 齐诵成语，巩固旧知。

2. 听成语故事《珠落玉盘》，了解故事大意。

3. 学习《琵琶行》，熟读成诵。

4. 玩成语游戏，重在积累。

【教学过程】

一、齐诵成语

齐诵数字成语接龙：一望无际—二龙戏珠—三山五岳—四通八达—五湖四海—六神无主—七手八脚—八仙过海—九牛一毛—十全十美—百步穿杨—千载难逢—万人空巷。

评析：以数字成语接龙导入，既能使学生有主题地积累成语，又能充分调动学生的学习积极性，一举两得。

二、讲成语故事

公元815年，平卢节度使李师道派刺客杀死了宰相武元衡，并刺伤了御史裴度。当时白居易任左赞善大夫，按朝廷规矩，这个职务只管给太子讲道德修养之类的道理，不得干预朝政。可白居易不管这些，愤而上书，要求捉拿凶手。这给那些早就对白居易怀恨在心的权贵们找到了口实。经过他们的一番鼓动，唐宪宗下令把白居易贬为江州（今江西九江）刺史。还没到任，第二道诏令又来了，白居易被降为江州司马。在江州期间，他写下了著名的叙事长诗《琵琶行》。

节选如下：

后来，人们就把《琵琶行》一诗中的“大珠小珠落玉盘”一句简化为成语“珠落玉盘”。

评析:“珠落玉盘”这个成语和古诗有关,也印证了成语的出处来源广泛。对于低年段的学生来说，能从小就接受这种熏陶是一件很有意义的事情。学生对《琵琶行》这首古诗可以不求甚解，但是对“珠落玉盘”这个成语的印象会很深刻。

三、诵读《琵琶行》节选

浔阳江头夜送客，枫叶荻花秋瑟瑟。主人下马客在船，举酒欲饮无管弦。醉不成欢惨将别，别时茫茫江浸月。

忽闻水上琵琶声，主人忘归客不发。寻声暗问弹者谁，琵琶声停欲语迟。移船相近邀相见,添酒回灯重开宴。千呼万唤始出来,犹抱琵琶半遮面。转轴拨弦三两声，未成曲调先有情。弦弦掩抑声声思，似诉平生不得志。低眉信手续续弹，说尽心中无限事。轻拢慢捻抹复挑，初为《霓裳》后《六幺》。大弦嘈嘈如急雨，小弦切切如私语。嘈嘈切切错杂弹，大珠小珠落玉盘。

四、成语游戏

1. 同桌之间互相讲一讲这个故事，注意语气、神态和动作，并相互评价。

2.《琵琶行》中的名句及出自名句的成语，你记住了吗？快和你的同桌互相说一说吧。

（本课设计者：徐姗姗）

第三节　成语文化识字与写字课型

成语文化识字与写字课型是指在成语文化教学的范畴内，考虑不同阶段的学生对识字量的需求与对成语的理解能力，通过成语这个载体，强化学生对汉字识别的敏感性，推动学生在小学低年段识字与写字能力的发展。识字与写字是小学语文学习的基础，通过识字量的扩充，学生能够在日后进行语文的阅读与写作。识字与写字教学需要以方法上的多样性来吸引学生，调动其主观能动性，促使小学语文教学中成语识字与写字教学任务得以完成。

一、成语文化识字与写字课型对学生成长的独特价值

其一，成语本身丰富的表现力能够增强学生对生字词的记忆。成语识字与写字活动不仅能训练学生的感知觉和观察力，还能锻炼学生的注意力。

其二，成语作为汉语言的一种表达形式，具有对称性和音韵美。成语的设计考虑到了词与词的组合、音节数目的配合，从而使双音节词读起来节奏明快、声音和谐，学生很容易记住。

其三，成语识字与写字课型有助于学生对生词的理解。很多成语背后都有典故，一个个生动的故事本身就是对成语最好的诠释，学生在听故事的过程中就能潜移默化地明白其中的道理。

其四，依托于成语这个载体进行学习，学生能够更好地运用与驾驭语言，为中、高年段的学习打下良好的语文基础。成语识字具有形象生动、内涵丰富的特点，轻松活泼、健康有益的成语识字游戏，自觉地承载了培养学生良好个性品质的任务，为语文的长远学习打下了良好的基础。

二、成语文化识字与写字课型的序列化教学目标和教学内容

本课型主要针对成语识字与写字教学展开研究，要求教师在成语识字与写字教学中激发学生对成语的热爱，指导学生积累成语中的生字，以提高学生的识字与写字水平为总目标，围绕具体的课程目标，选择适切的教学内容，采用适当的教学方法，精心设计并提炼基本的教学结构。

年段	年段目标	教学内容
低年段	将学生熟识的成语作为主要材料，结合学生的生活经验，主要从音、形、义三方面帮助学生记忆生字，引导他们利用各种机会主动识字，力求识用结合。能借助汉语拼音独立识字，逐步发展识字与写字的能力。	以与动物、寓言故事、神话故事有关的成语为主。如开天辟地、夸父追日、牛郎织女、守株待兔、掩耳盗铃、揠苗助长、画蛇添足等。

（续表）

年段	年段目标	教学内容
中年段	这类成语内容丰富，形式多样，从而培养学生学习汉语的浓厚兴趣，使学生养成主动识字的习惯。以书体为基点，进行识字与写字的拓展，让学生了解不同时代所用的不同书体。能用硬笔熟练地书写成语，做到规范、端正、整洁。写字姿势要正确，养成良好的书写习惯。	以与历史、艺术、科技、文化有关的成语为主。如入木三分、妙手丹青、海市蜃楼、炉火纯青、高山流水、长袖善舞、斗转星移、一诺千金、季札挂剑、立木为信等。
高年段	这类成语语言优美，含义隽永，从而培养学生较强的独立识字能力，进而深入了解一个生字不同的含义，生字的不同含义往往与该生字的历史、文化背景紧密相关，了解生字字义背后的故事，也是高年段识字与写字课的一个重点。能正确书写成语，力求美观，在书写中体会汉字的优美。	以文学名著、诗词歌赋中的成语为主。如飞檐走壁、龙生九子、将遇良才、乍暖还寒、玉宇琼楼、三顾茅庐、才高八斗、耳鬓厮磨等。

三、成语文化识字与写字课型的一般教学流程

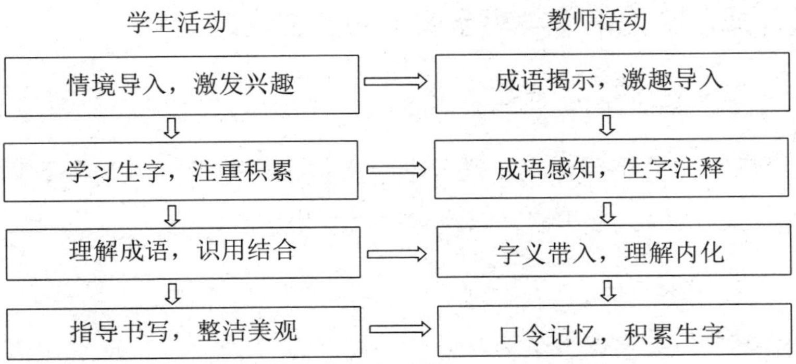

1. 情境导入，激发兴趣

兴趣是最好的老师，要想获得良好的成语教学效果，首先应提高学生对成语的学习兴趣。教师可以通过成语接龙、看图猜成语与成语谜语等多种多样的教学方式来激发学生参与课堂学习的兴趣及积极性。还可以以小组为单位举行小型的成语大会，将需要学生掌握的成语由易到难呈现给学生，帮助学生识记更多的成语，这样学生也就能识记更多的生字。

2. 学习生字，注重积累

对成语中的关键生字进行教学，结合学生的生活经验，从音、形、义三方面进行解读，着重培养学生独立识字的能力。这些关键字能帮助学生理解整个成语，需要教师追本溯源，带领学生理清整个成语的来龙去脉，这样学生的记忆就会深刻。

3. 理解成语，识用结合

在理解字义的基础上，将生字放入成语中，从字义上去理解成语的意思，再结合成语典故、故事背景去理解成语的真正含义，最后带入生活情境，识用结合。成语典故和故事背景是帮助学生准确定位该成语的出处及本义，了解意思的演变后才能明白现今该成语的意义，贯通古今，才能正确运用。

4. 指导书写，整洁美观

指导书写生字，包括生字的间架结构、生字在田字格里的位置，最后归类总结这类结构的字。为了促使学生书写美观，教师可针对某一类字编制儿歌或小口令，帮助学生准确、规范地写好生字。

四、成语文化识字与写字课型的实施建议

1. 注重成语积累

成语识字与写字课在低年段教学中所占比例较大，因此在上此类课型时，应注重成语的大量积累，以及对成语中生字的识记。

2. 识字方法多样

成语识字与写字课教学要注意激发学生的学习兴趣，可采用以下四种识字方法：成语儿歌识字、成语游戏识字、成语归类识字、成语探源识字。

3. 结合语文教材

在进行成语识字与写字教学时，很容易出现选取的生字较为分散、缺乏针对性的情况，教师可结合现行语文教材上的生字进行成语的选择。

五、课例与评析

成语识字之“贺春节”教学设计

【教学目标】

1. 认识 12 个生字，会写 8 个生字。

2. 能正确、流利地朗读成语，体会其中的韵律感。

3. 初步感知成语的特点，激发收集成语的兴趣。

【教学过程】

一、准备闯关

师：春节快要到啦，成语王国里的小动物们都开心极了，大家忙得不亦乐乎。你们愿意到成语王国做客吗？不过，要想进入成语王国，必须闯过三道关，你们有信心吗？现在我们向成语王国出发！

评析：这一环节主要引导学生复习之前学过的成语，让学生对成语有初步的印象，同时用“闯关”的游戏形式激发学生的学习兴趣。

二、快乐闯关

1. 朗读大比拼

师：小朋友们，看到手中的成语卡片了吗？每个人都有三张，每一张上面有四个成语。请小朋友们自由朗读练习，要求读准字音。第一关比拼马上就要开始啦！

（学生自由读。）

师：小朋友们都准备好了吗？第一关谁来闯？每人随机选择一张卡片进行朗读，读准字音即视为闯关成功。（相机纠正成语读音）

（1）成语中有 12 个生字，它们的字音你都读准了吗？（出示 12 张带拼音的生字卡片，指导学生认读一遍，教师点评）

（2）你觉得哪些字音比较难读准？

（3）去掉拼音帽子，你还能读准吗？（出示 12 个生字，让学生以男女生读、小组读、开火车读等形式读）

2. 识记大比拼

师：祝贺小朋友们成功闯过第一关。字音都读准确了，你是用什么方法记住这些生字的？下面我们来闯第二关。本轮比拼要求：同桌二人为一小组进行闯关，用最有效的方法记住每张卡片上的生字即视为闯关成功。

（1）学生交流，教师巡视。

（2）检测：康，加一加，“广”字头加“隶”，强调最后四笔——点、提、撇、捺。

意，组词：意义、一心一意。指导写好“心”字底。福，强调偏旁——“示”字旁。

永，组词：永远，强调笔画。

步，组词：脚步，上下结构，注意最后两笔都是撇。

泰，换一换，减一减。强调最后四笔——点、提、撇、捺。

临，组词：来临、降临。

面，用作量词，如一面旗；用作名词，如脸面、里面、外面。

师（总结）：小朋友们讲得真好，所有的生字都读准了音、认清了形、理解了意思，祝贺大家顺利闯过了第二关。

评析：这一环节主要是让学生读准字音，认准字形，稍带字意的渗透。二年级的学生识字量较大，为了有效地提高学生的识字效果，在学生读准字音后，引导其用各种方法识字，如加一加、减一减、换一换、儿歌记生字、谜语猜生字、名言记生字、编故事识字、连成字串记生字、图片记生字、用汉字文化的演变记生字等，学生识字效果显著。

3. 选用大比拼

师：过年了，我们会给人拜年，因身份不同，所以会用不一样的祝福成语。下面就请小朋友们根据成语意思来对12个成语进行分类，并说明你分的这一类的祝福成语是送给谁的，合情合理即视为闯关成功。

（1）分组一：身体健康、万事如意。（祝福爸爸妈妈）

（2）分组二：青春永驻、桃李满园、平安幸福、阖家欢乐。（祝福老师）

（3）分组三：蒸蒸日上、步步高升。（祝福好朋友）

三、闯关成功

师：恭喜大家连闯三关，成语王国的大门已经向我们敞开了。看，成语王国里的小动物们有的在包饺子，有的在贴春联，有的在挂灯笼，还有的在放鞭炮。小动物们还给小朋友们准备了祝福成语：坚持不懈；水滴石穿；百尺竿头，更进一步！

四、指导写字

1. 在教师的指导下练习写字，观察生字在田字格中的位置，读帖。

2. 描红，临帖。

3. 展示作品，师生点评。

评析：这一环节主要是让学生做到书写正确、整洁、美观。为了达到目标，我先利用课件让学生欣赏难写的字的写法，接着书空，再描红，然后书写，最后同桌互相评价，要求占位正确、结构匀称、干净整洁。

五、课堂总结

师：相信读了这些成语，大家一定深受启发。从成语中我们不难发现，汉语是一种多么优美、多么丰富的语言，汉语中表达的历史文化精神是多么博大精深。如果同学们继续去探寻，一定会发现成语还有许多有趣的地方。

（本课设计者：胡越）

成语识字之“归类识字”教学设计

【教学目标】

1. 发现动物类生字的构字特点，学习新的识字方法。

2. 发现同结构生字的不同侧重点，提高书写的规范性和美观性。

3. 梳理现阶段所学成语的类型、意义，并在此过程中培养学习能力。

4. 通过分类归纳，发现学习成语的乐趣，懂得成语是中国语言宝库中的瑰宝。

【教学过程】

一、谈话导入

师：上课前，请大家听老师说一段话，并思考这段话在遣词造句上有什么特点。

在汉语的广阔天地里，有一个成语王国。那里风和日丽，山青水秀，让人流连忘返；那里有奇花异草，姹紫嫣红，让人目不暇接；那里有珍禽异兽，生机勃勃，让人耳目一新；那里还有至理名言，读了让人受益匪浅。

这短短的一段话里就用了 11 个成语。我们说话或写文章时，如果能恰当地运用一些成语，会使我们的表达简洁明了、生动有趣。大家已经学了不少成语，平时也积累了一些，今天我们就来对这些成语进行归类，以更好地学习运用它们。

二、分类回顾

师：在我们学习的成语中，有一些非常有意思，如包含数字的成语。现在赶快在你的脑海中搜索一下，看有哪些有关数字的成语。

（学生说成语。）

师：小朋友们可真棒，一下子说出了这么多。你们看看这些成语，有什么发现？

生：都带有数字。

师：是的，这些带有数字的成语常常用来表示事物的数量、颜色等。成语中不仅带有数字，还带有动物，你们知道哪些带有动物的成语？

（学生说成语。）

师：你们可真是“成语小达人”，能说出这么多有关动物的成语，真厉害！

评析：帮助学生梳理前一阶段学过的同类型成语，巩固旧知。

三、归纳总结

师：成语里的动物可真多啊！我们都来找一找，有哪些动物呢？

（学生说动物。）

师：老师把这些动物都列了出来，会观察的你有什么发现吗？

（学生说发现。）

师：小朋友们观察得可真仔细。这些动物中，有一些字都是“虫”字旁，有一些字都是反犬旁，有一些字都是“鸟”字旁，还有一些是独体字。

虽然这些字都是表示动物的，但是动物也分好几类。你们看，“虫”字旁的字都代表昆虫，“鸟”字旁的字都代表飞禽，而反犬旁的字则代表和犬科动物有关。

评析：归纳相同偏旁的生字，发现不同的动物种类在汉字上是通过不同的部首来体现的，从而帮助学生归纳相关部首的生字。

师：对于这些生字，你有什么好办法记住它们吗？

（学生说记生字的方法。）

师：小朋友们可真会动脑筋！我们先判断这个字表示哪种类型的生物，从而确定它的偏旁，再通过读音去记住它的另外一边，像这样一半表音一半表意的生字，我们叫作形声字。这可真是个记生字的好办法。

评析：通过观察发现生字字形上的特点，从而复习形声字的造字特点，进而记住生字。

四、指导书写

师：这些生字，我们不仅要会记，还要会写。通过学习，我们已经知道这些字大多是形声字，所以这些字很多都是什么结构？（左右结构）左右结构的字在书写时，有什么共同的特点？（左窄右宽）但又有一点不一样。我们先看这个“蜻”字，放到田字格中，以竖中线为界左右各一半，但“虫”字旁要写得稍微小一点，左低右高，左短右长。“狼”字也是左右结构，左窄右宽，但是上下等高。所以虽然都是左右结构的字，但我们也要仔细观察它们的不同，这样才能写好左右结构的字。

评析：复习回顾左右结构的字的写法，通过观察发现区别，从而更好地书写左右结构的字。

（本课设计者：陈烨）

第四节 成语文化表演课型

何为表演？这是首先要弄清楚的一个概念，从亚里士多德提出的模仿论，到爱德华·赖特提出的表演目的论，再到麦克·比林顿提出的表演发展论，一直到20世纪60年代理查德·谢喜纳提出的表演分析论，都对表演做过较为系统的论述。综合以上这些学说，我们发现表演的内涵主要有以下三点：首先，表演是人的一种天性；其次，表演必须以人为核心；最后，表演需要在一定的时空向特定对象述说故事情节，以求表达某种情感态度。成语文化表演又将表演的内容和形式进行淬炼浓缩，这种形式的表演植根于几千年传统文化沉淀的土壤，有着足够的养分，可以生长出极具活力和厚重历史的戏剧。此外还要强调一点，成语文化表演课的目的不在于培养专业演员，而是引导学生通过表演打开自己的身心，深度参与到成语文化表演的过程中。学生在整个过程中参与剧本的创作、剧目演出、对整个剧的评价，这才是成语文化表演课在小学阶段的价值所在。

成语文化表演课主要通过成语课本剧来展开教学，成语课本剧是以成语为载体的课本剧，课本剧是教育戏剧走向舞台的一种表现形式，而“教育戏剧”这一做法最初产生于法国教育家卢梭的两种教育理念——“在实践中学习”和“在戏剧实践中学习”。20世纪初，美国教育思想家杜威的“渐进式教学”和赫兹–麦恩斯的“创造力教学”等理论，渐渐在实践中形成了独立的理论体系。20世纪中叶，英国发展了彼得·斯雷德的儿童戏剧教育传统。在国内，课本剧诞生于现代意义上的学校兴办之后。起初，课本剧就不仅仅是一种活动方式，而总是同演剧业保持着一定的联系。但在20世纪70年代以后的很长一段时间里，我国校园里的课本剧活动变得萧条了。近年来，课本剧活动开始在一些地区的学校里复苏。在课本剧这一范畴中，成语课本剧独树一帜，它承载着中华五千年的历史，以成语为媒，将古今勾连，让学生在历史文化的浸润中，通过表演与历史人物“对话”，如身临其境，感受人物内心的情感，亦能将其灵活运用于当今社会，真正让成语“活”起来，让人物“活”起来，让课堂“活”起来，让学生“活”起来。

一、成语文化表演课型对学生成长的独特价值

其一，成语文化表演课具有愉悦学生身心的价值。学生的娱乐就是游戏，成语课本剧对学生而言，就是一种游戏。这种游戏是经过设计、安排而与教学活动合二为一的。

其二，成语文化表演课在学生道德品质的培养方面有着重要作用。第一，学生在表演中学会合作。成语课本剧表演的成功，在于分工合作。成语课本剧活动只有靠大家分工合作才可能完成。第二，学生在表演中孕育同理心。在成语课本剧活动中，学生可以通过角色扮演学会从别人的角度看事情，进而学会关怀和体谅。第三，学生在表演中与先贤对话，见贤思齐。在成语课本剧中通过剧中人物的形象矛盾冲突和不同命运的对比，引导学生趋

善避恶，使学生在潜移默化中懂得见贤思齐。

其三，成语文化表演课为学生核心素养的全面发展提供了广阔的空间。在成语课本剧表演前，学生需要有大量的积累，了解成语故事的文化背景等，在一次次表演中增长自己的见闻，丰厚自己的底蕴。成语课本剧表演可以训练学生的语言表达能力和胆识，使学生了解人物语言的特色，同时培养学生的思维力、形体表现力和创造力。

其四，成语文化表演课有助于提升学生的艺术审美力。成语课本剧表演能让学生亲身经历，接受艺术熏陶，使学生对音乐、美术、舞蹈有深入的认识并能学会运用。

二、成语文化表演课型的序列化教学目标和教学内容

本课型主要针对成语课本剧教学展开研究，要求教师在教学中综合运用文学、美术、音乐、舞蹈等艺术手段，激发学生对成语的热爱，加深学生对成语的理解，提高学生的表演能力，促使学生主动参与、积极体验、自由表达、挑战自我，树立自信心，不断提高合作能力，使学生的人格品质得到发展。教师教学该课型时要以丰厚学生的文化底蕴，培养学生的思维力、形体表现力、创造力为总目标，围绕具体的课程目标，选择适切的教学内容，采用恰当的教学方法，精心设计并提炼基本的教学结构。

年段	年段目标	教学内容
低年段	在正确认读成语的基础上，了解成语故事，选择合适的剧本，大声、大胆地分角色朗读剧本，尝试加上动作演一演。	基于低年段学生正确的价值观尚未形成的学情，结合语文新课标的培养目标选择教学内容，以经典的成语寓言故事为主，如守株待兔、掩耳盗铃、揠苗助长、画蛇添足、自相矛盾、坐井观天、叶公好龙、刻舟求剑、塞翁失马等。
中年段	了解故事背景并选择剧本中的一个角色，在读好人物语言的基础上，谈谈如何诠释这个角色，尝试配合肢体语言演一演，提升思维力和形体表现力。	以与神话故事相关的成语为主。这些成语内容丰富，极具中华民族传统文化特色。如开天辟地、夸父追日、炼石补天、共工触山、牛郎织女、八仙过海等。

（续表）

年段	年段目标	教学内容
高年段	能在课前自主了解故事的时代背景，正确理解成语的内涵，尝试在保持成语主旨的原则上联系生活，改编故事。尝试创编剧本，并进行小组合作演绎。	以与历史故事相关的成语为主。如一鼓作气、破釜沉舟、退避三舍、四面楚歌、晏子使楚、负荆请罪等。

三、成语文化表演课型的一般教学流程

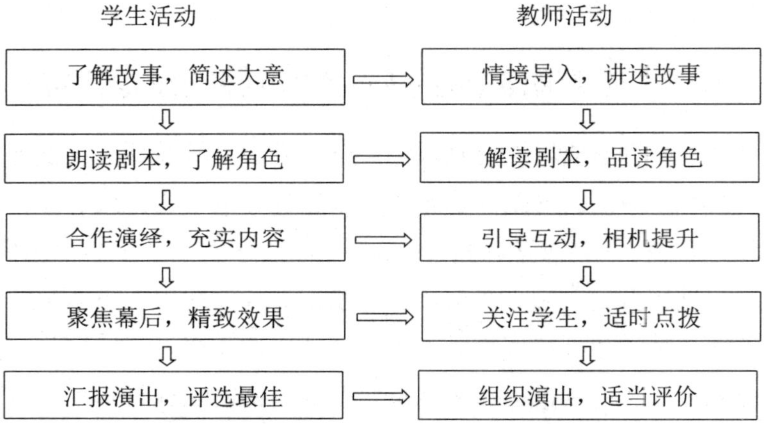

1．了解故事，简述大意

首先，通过课前的资料查阅，让学生在丰厚自身底蕴的同时对故事的背景、人物形象有初步的了解。可以指导学生将剧本中的主要人物制作成人物卡片。

2．朗读剧本，了解角色

采用多种朗读形式，如教师范读、分角色朗读、配乐朗读等，帮助学生了解剧本，抓住人物的语言、神态、动作及环境描写等体会角色的语言特色、人物形象，从而感受人物的魅力。

3．合作演绎，充实内容

抓住剧中的一幕，小组合作进行演绎，然后通过生生、师生互动的形式引导学生关注动作、神态、站位等表演技巧，使学生将剧本演“活”。

4. 聚焦幕后，精致效果

聚焦幕后工作，如服饰是否匹配人物形象，舞台背景是否美观，场景是否根据剧情而变换，背景音乐是否匹配剧情，人物道具是否符合人物的身份形象等。

5. 汇报演出，评选最佳

给学生提供汇报演出的舞台，让学生有机会锻炼自己，了解表演背后的辛酸，展现自己的所得，获得成功的喜悦和成长的幸福，并通过及时有效的激励评价激发学生的表演热情和对成语学习的热爱。评价可以放在艺术节进行，引入电影颁奖的模式，如设立最佳男女主角、最佳编剧、最佳美术、最佳道具等奖项，以此激发学生的创作热情。

四、成语文化表演课型的实施建议

第一，基于学情和年段目标精心选材。主题方面，应乐观、积极，给学生以正向的引导；剧情方面，低年段最好是简单的剧情，配上动作、表情及对白。

第二，不能说教。要以生动、有趣的表演方式来推动剧情的发展。可以让学生将日常生活中发生的事表演出来，让学生了解事情的前因后果，并寻找解决问题的办法，以激起学生的兴趣，引起学生的共鸣。

第三，冲突不宜过多。戏剧一般以冲突、危机为主线，但在成语课本剧中，冲突不宜过多，以免使学生过度紧张。

第四，剧本不宜太长。成语课本剧在于精简、清楚、紧凑，若过于冗长、琐碎，会让学生没有耐心看下去。

第五，要有创意性。在成语课本剧中可以为了凸显某些事物或人物，采用夸张、创意的设计来激发学生的想象力。除了角色的造型，服装、道具也是创意设计重要的一环。

五、课例与评析

成语课本剧《塞翁失马》教学设计

【教学目标】

1. 明白成语故事内容及蕴含的道理，初步了解故事发生的社会背景。

2. 通过对剧本的解读，进一步了解独白、人物语言的特点。

3. 小组合作，通过动作、表情、道具、音乐等对剧本进行扩充，提高策划能力和表演能力。

【教学流程】

一、了解成语故事，简述成语大意

1. 板书成语课题，理解成语意思。解释、交流“塞翁”的意思。

2. 出示成语故事《塞翁失马》，学生自读。

自读要求：

（1）借助工具书读准字音，读通句子。

（2）圈画出自己不理解的内容。

（3）和同桌简要说一说成语故事的内容。

3. 交流“边塞”“胡人”的意思，了解故事发生的社会背景。

4. 交流故事大意。

评析：这一环节旨在让学生了解故事梗概，并通过抓关键词了解故事发生的背景，便于学生更好地进行课本剧表演。

二、解读成语剧本，品读角色魅力

1. 出示成语剧本，学生自读，找出课本剧中一共有几个人物设定。（邻居甲、邻居乙、老人、旁白）

2. 出示四次旁白的内容，四人小组讨论旁白的作用。

3. 学生交流：

（1）旁白主要交代故事情节的发展。

（2）旁白中交代了邻居们的心情：宽慰、不解、祝贺、慰问等。

4. 出示邻居的话，学生带着宽慰、祝贺、慰问的语气读。

5. 学生交流：邻居的话中并没有体现他们的不解，如何表达出旁白中大家的不解呢？（用动作）

6. 谁来做做不解的动作？（面面相觑、抓耳挠腮……）

7. 出示老人的话。旁白已经为我们读好邻居的话做了一些提示，那么该怎么读老人的话呢？

8. 学生自读，班内交流。（关注三个反问句，读出强调的语气）

“现在我的马是离我而去了，可是这怎么就不会是一种福气呢？”

“这怎么就不能是一种灾祸呢？”

“这怎么就不能变为一件幸事呢？”

评析：这一环节旨在让学生通过关键词感悟角色的语言、心情，并通过人物特点想象其动作，将人物形象内化于心。

三、小组合作演绎，充实剧本内容

1. 小组合作，排演剧本。

（1）组内角色分工，背熟剧本内容。

（2）组长组织协调，组内进行对戏。

（3）组内商讨角色，设计动作表情。

2. 小组竞演，相互补充。

（1）指名小组上台表演，引导学生关注动作、表情、站位。

（2）对小组自主设计的特别好的动作进行表扬。

（3）对表情演绎特别到位的学生进行现场采访。

评析：这一环节旨在让学生在小组合作学习的过程中提升组织、协调、合作等能力，通过相互学习、相互交流、相互配合，进一步熟悉剧本，通过语言、肢体动作表现人物。

四、幕后细节讨论，精致表演效果

1. 讨论角色的服饰特点。（抓住“老人”“掌握术数”“推测吉凶”）

2. 交流舞台背景要素。（为了避免场景单一，可以考虑场景更换）

3. 考虑背景音乐类型。（开头是马的声音，中间是老人的儿子摔下马的声音，结束是战争的声音等）

4. 关注剧中人物道具。（考虑老人的特殊身份、邻居慰问时带的礼品等）

评析：这一环节旨在让学生全面了解情景剧表演的台前幕后的细节因素，让每一个学生参与活动、优化剧本，提升策划、审美等能力，让表演更加立体。

五、终极汇报演出，评选最佳团队

1. 邀请家长、同年级其他班级的学生代表观看演出并担任评委。

2. 评选出最佳表演奖、最佳组合奖、最佳服饰奖、最佳创意奖等。

评析：这一环节旨在搭建广阔的舞台，为学生提供展示的机会，并通过多元的评价机制激发学生表演的兴趣。

（本课设计者：鞠晓雅）

附：

《塞翁失马》剧本

第一幕

（旁白：靠近边塞居住的人中，有个掌握术数、擅长推测吉凶的人。一次，他的马无缘无故地跑到了胡人的住地。为此人们都来宽慰他。）

邻居甲：老哥呀，你的马丢了就丢了吧，失去的东西就是失去了，再怎么难过，再怎么想这件事，也无法挽回了。

邻居乙：是啊，兄弟，你的马丢了，这已经成了定局。别说你了，我们听了都感到难过，这么好的马，我们平时可是羡慕不已啊！如今无故跑到了胡人居住的地方，恐怕是回不来了。

老人：现在我的马是离我而去了，可是这怎么就不会是一种福气呢？许多事情不能只看眼前，更不能只看表面啊。

第二幕

（旁白：邻居们不解。然而，过了几个月，丢的那匹马带着胡人的良马回来了。人们知道后都前来祝贺。）

邻居甲：老哥，真没想到，你可是因祸得福啊！大家都以为你的马就这么丢了，谁成想，你家的马又把胡人的马带了回来，真是不可思议啊！

邻居乙：是啊，兄弟，这回我们可要祝贺你了。这真是老天的意思啊，真是令我们意想不到啊。

老人：这怎么就不能是一种灾祸呢？许多事情不能只看眼前，更不能只看表面啊。

第三幕

（旁白：邻居们又不解。老人家中有很多好马，他的儿子爱好骑马，结果不幸从马上掉下来摔断了腿。人们都前来慰问他。）

邻居甲：哎，真是世事难料啊，想开点儿吧，老哥。谁会想到你的儿子骑马会从马背上摔下来呢！

邻居乙：是啊，兄弟，既然事已至此，你也不必太伤心了。眼下还是给贤侄治疗要紧啊！

老人：这怎么就不能变为一件幸事呢？许多事情不能只看眼前，更不能只看表面啊。

（旁白：邻居们还是很不解。过了一年，胡人大举袭扰边塞，健壮男子都被征兵去作战。边塞附近的人死亡众多，唯有老人的儿子因为腿断了而免于征战，保全了性命。真是“塞翁失马，焉知非福”啊！）

成语课本剧《负荆请罪》教学设计

【教学目标】

1. 联系剧本内容，说说“负荆请罪”这个成语的由来。

2. 通过朗读理解剧本语言，学会阅读成语剧本，体会廉颇知错就改及蔺相如顾全大局的品质。

3. 在熟悉剧本、体会人物形象的基础上分角色朗读，以读者剧场的形式进行合作学习，并展示成果。

【教学过程】

一、了解成语故事，简述成语大意

（一）导入新课

1. 今天我们要学习一个新的成语课本剧——《负荆请罪》。（板书课题）

2. 回忆之前接触过的剧本，思考问题：剧本的一般特点是什么？阅读剧本的基本要求是什么？

交流要点：

（1）以人物对话为主。

（2）开头交代时间、地点、人物。

（3）方括号中的内容交代舞台背景、人物活动情况。

（4）圆括号中的内容交代人物说话时的语气、动作等。

（5）有两幕，是多幕剧。

复习读剧本的方法：只须读出人物对话，括号里提示的人物说话时的神态、语气无须读出，但读时要注意表现出来。（学会阅读剧本，品读剧本语言）

评析：让学生回顾以前接触过的剧本，了解剧本的一般特点；回顾读剧本的方法，为后面的创编剧本进行铺垫。

3. 教师总结。

（1）选取剧本素材。

适宜改编为剧本的课文的特点：

① 故事性强，情节波澜起伏。

② 人物不多，性格鲜明突出。

③ 时空较集中，矛盾冲突尖锐。

④ 主要通过对话刻画人物。

（2）确定剧本构成部分。

剧本的语言包括台词和舞台说明两个方面。

台词指人物说的话，包括对话、独白、旁白。台词要以课文中人物的语言为基础，对其进行必要的调整、充实和完善，以表现人物的性格、身份及思想感情。要求通俗自然、简练明确、口语化，适合舞台表演。剧本主要是通过对话推动情节发展，表现人物性格的。独白即人物独自抒发个人情感和愿望时讲的话。旁白指剧中的某个角色背着其他剧中人从旁侧对观众说的话。旁白可以串连故事情节或点明含义。

舞台说明又叫舞台提示，是剧本里的一些说明性语言，包括剧情发生的时间、地点、服装、道具、布景，以及人物的表情、动作、上下场等。通常出现在每场的开头、结尾和对话中间，一般用括号括起来。舞台说明的语言要简练、扼要、明确。

几种常用的舞台说明的作用：

① 舞台场景说明，交代故事发生的时间、地点及环境。

② 服装、道具提示，暗示人物的身份、性格、爱好等。

③ 情绪、动作提示，辅助台词刻画人物，推动情节发展。

评析：让学生自己发现并总结剧本的基本形式和表现手法，丰富学生的文学知识。

（二）合作交流，学习方法

1. 再次阅读《负荆请罪》，小组交流改编这个小故事的方法。

2. 师生共同总结方法。

明确编演课本剧分为选、读、编、演四个步骤：

（1）选：要选较生动的、学生感兴趣的记叙性课文，无论长短，所选课文情节性要强，人物性格要鲜明。

（2）读：要改编课文，就必须对课文有深入的理解，这就需要学生研读课文，推敲语言文字，体会人物情感，做到知背景、明主题、熟内容。只有清楚了这些，才能更好地体会、揣摩人物富有个性的语言，才能更好地塑造人物形象。因为人物的性格总是与特定的历史背景相联系，为表现主题服务的。学生可到图书馆或上网查阅有关资料，教师也可为其提供一些资料，师生、生生之间要互相沟通，多多交流。

（3）编：改编时，可对人物对话和舞台说明进行适当增删或较大的变动。但无论增删还是变动，都要做到既符合剧情发展及人物性格，为主题服务，又适合舞台演出。此外，要在剧本中体现课文里一些能突出人物性格的对话及有关动作，注意突出其作用。

（4）演：包括排练和演出。排练时，把全班分为多个小组，使人人都有参与活动的机会，各小组也可根据实际对剧本稍作修改。演出时要注意两点：其一，舞台布置及道具应从简，不能人为造成演出的难度。其二，人物对话的表演是重点，应掌握好语调、语气、速度、节奏等，最大限度地为突出人物性格、推动情节发展服务。

3. 总结编写剧本的注意点。

（1）空间和时间要高度集中。

（2）反映现实生活的矛盾要尖锐突出。

（3）剧本的语言要表现人物的性格。

评析：学生虽然了解了剧本的基本形式，但编写时往往会无从下手。这一环节旨在让学生通过自主、合作的形式探究改编剧本的方法，并进行概括、总结，理清改编剧本的思路。

（三）创编剧本

小组分工，合作完成剧本，教师巡视，帮助有困难的小组。

（四）欣赏优秀学生的剧本

（略。）

（五）熟悉剧本（以优秀的学生剧本为例）

1. 初读剧本，读准字音，读通对话，想一想剧本讲了一个怎样的故事。

2. 根据剧本内容，讲一讲“负荆请罪”的意思。

3. 读一段课文内容，检查剧本内容。

出示文本：

〔幕启。几天以后。蔺相如在客厅踱步。一会儿，韩勃匆匆走上。〕

韩勃：（紧张地）大人！大人！

蔺相如：什么事？

韩勃：廉将军来了！

蔺相如：（奇怪地）什么，廉将军来找我？

韩勃：廉将军他没穿上衣，还背着一根荆条呢。

蔺相如：快请廉将军进来！

韩勃：是！

4. 感悟方法。

（1）讨论交流如何阅读剧本。

明确：

小括号中的“紧张”“奇怪”，方括号背景提示中韩勃的行为“匆匆走上”都说明紧张的气氛。

提醒：韩勃是不是只有第一句台词是紧张的？蔺相如其他的台词没有

提示语，我们可以根据自己的理解补充提示语。

（2）下面请大家根据刚才的讨论试着自由地读一读这个片段中韩勃和蔺相如的台词。

（3）请两位同学分角色读一读，其他同学注意听并进行评价。

（4）根据学生的交流，随机点拨。面对韩勃的紧张，蔺相如紧张吗？作为上卿，手握大权，遇到突发事件，应处变不惊、镇定自若，即使心里紧张也不会表现出来，仅仅表现出一点“奇怪”。

蔺相如听说大将军廉颇光着上身背着荆条跪在门外，会想些什么？他可能会想此时该怎么做。会不会想到以前廉颇侮辱他，一再挡道的事情？

蔺相如不计较廉颇之前对他的侮辱，热情地迎接廉颇的到来，这是一种多么博大的胸怀啊！

（5）男女生分角色读。

（6）总结阅读要领：①抓住括号中的提示（动作、神情）；②联系人物的职位、身份、经历等来体会人物的内心、性格特点和品质；③没有提示的地方，可自己补充出动作、神情的提示。

评析：引导学生在讨论和交流中明确人物的心理、神情和语气，了解人物形象。

二、解读成语剧本，品读角色魅力

1. 精读课文第二幕，感受廉颇知错就改及蔺相如深明大义、宽容大度的品质。

（1）自主阅读。

（2）交流品评，随机点拨，感悟人物，练读句子。

点拨要点：廉颇认错的真诚与蔺相如的大度。

① 哎呀，廉将军，您这是——（破折号表示语气的延长，表现吃惊）

② 蔺大人，请您用这根荆条狠狠地抽我一顿吧。（体会廉颇认错的真诚）

③ 蔺大人，请您宽恕我这个老迈昏庸的人吧！我常常在别人面前侮辱您。现在，我知道，那完全是我的过错。（廉颇既是在悔过，也是在向蔺相如表明自己决意痛改前非）

④ 哈哈哈，廉将军，您能明白我的心思，我实在太高兴了！韩勃，快

叫人准备筵席，我要跟廉将军痛痛快快地饮几杯！（蔺相如为自己有了知心朋友而高兴，为廉颇知错能改而高兴，更多的是为了国家而感到高兴）

⑤（迎上去）廉将军！

（连忙取下荆条扔在一边，伸手去扶廉颇）廉将军，别这样，快请起，快请起。

（双手扶起廉颇）请起来，廉将军，请起来吧。

这三句话都在小括号里提示了蔺相如的动作，从这些动作中可以看出蔺相如想到的是要维护将相的关系，保证国家的安全，而全然不顾个人利益的得失，一心只为大局着想，这就叫作深明大义。表演的时候，要特别注意蔺相如的动作，表达出他内心的真诚和恳切。

评析：由扶到放，让学生使用所学方法，自行揣摩人物内心，感受人物形象。

三、小组合作演绎，充实剧本内容

1. 小组读。

要读好剧本，说好台词，剧本中的每一句台词、每一个词语都值得细细推敲。三人一组，分角色朗读课文第二幕。

2. 交流反馈。

分角色朗读课文第二幕。（或男女生分别扮演廉颇和蔺相如，一位学生扮演韩勃，教师读旁白）

评析：以台词为抓手，小组合作，再读剧本。此时学生理解了人物形象，体会了人物感情，读起台词来更能融入其中。

四、幕后细节讨论，精致表演效果

1. 讨论角色服饰特点。

2. 交流舞台背景要素。

3. 考虑背景音乐类型。

4. 关注剧中人物道具。

评析：这一环节旨在让学生全面了解情景剧表演台前幕后的细节，让每个学生都参与到活动中，优化剧本，提升策划、审美等能力，让表演更加立体。

五、终极汇报演出，评选最佳团队

1. 邀请家长、同年级其他班级的学生代表观看演出并担任评委。

2. 评选出最佳表演奖、最佳组合奖、最佳服饰奖、最佳创意奖等。

评析：这一环节旨在搭建广阔的舞台，为学生提供展示的机会，并通过多元的评价机制激发学生表演的兴趣。

（本课设计者：袁博）

附：

《负荆请罪》剧本

主要人物 蔺相如：（ ）扮演 廉颇：（ ）扮演

赵王：（ ）扮演 小兵：（ ）扮演

蔺相如门客：（ ）扮演 赵王侍从：（ ）扮演

王将军：（ ）扮演 旁白 ：（ ）扮演

（旁白：战国时代，群雄割据，逐鹿中原，英才辈出，各事其主。就在这个人人钩心斗角的动荡年代，战国七雄之一的赵国的两位栋梁之臣——廉颇与蔺相如，演绎了一段“负荆请罪”的感人故事……）

第一幕

（皇宫中，赵王大宴群臣。）

（旁白：公元前279年某日，渑池之会后，赵王在宫中大宴群臣。）

（王将军、蔺相如上场。）

蔺相如：王将军好！

王将军：蔺大人，此次渑池之会，您言辞犀利地与秦王针锋相对，维护了大王与赵国的尊严，令秦王不敢小视我们赵国，实在是为国家立下了大功。

蔺相如：哪里，哪里，这都是大家的功劳。

（正说着，廉颇走上殿来，蔺相如向廉颇施礼。）

蔺相如：（拱手）廉将军……

廉颇：（头一转）哼！

（旁白：蔺相如满脸错愕，转而沉思。）

赵王侍从：大王上殿。

赵王：诸位爱卿请入席。

众臣：谢大王！

赵王：此次众卿家为国尽职尽责，忠心耿耿，尤其是蔺大夫，在渑池之会上与秦国对抗，不卑不亢，扬我国威。今日，本王要重重犒赏蔺卿家。

蔺相如：（起身）大王，万万不可。若论功劳，廉将军的功劳最大。渑池之会上，臣之所以能不辱国威，是因为廉将军率大军驻守边境，日夜戒备，才使秦王十分忌惮，不敢对大王施威。

赵王：廉将军护驾有功，本王另有赏赐。其余文武百官，月俸各加三百石。户部拨款，犒赏三军。

众臣：（起身齐回）谢主隆恩！

赵王：今日大家当开怀畅饮，不必拘礼。本王先走一步，请蔺卿家代本王陪宴。

蔺相如：是！

赵王侍从：起驾！

廉颇：诸位畅饮，我廉某身体不适，恕不奉陪。

蔺相如：（追出）廉将军，请留步！

廉颇：哼，小人得志！（拂袖而去）

（旁白：廉颇弗然不悦地离开了王宫，蔺相如呆立在原地。望着廉颇远去的身影，蔺相如若有所思。面对廉颇的不友善，他似乎预感到赵国将面临一次来自朝廷内部的危机。）

第二幕

第一场

（旁白：请看在廉将军府上发生的事。）

小兵：（自语）听说蔺相如已被大王拜为上卿。我们廉将军的官职还在他之下呀，这真是……哎！（摇头）

（廉将军气冲冲地上场。）

廉颇：（大声说）想我廉颇，十三岁起从军，大小征战百余场，纵横疆场。而他蔺相如，仗着能说会道，凭一张嘴就平步青云，有什么真本领？

小兵：廉将军为国家出生入死，立下汗马功劳，那蔺相如有什么能耐就能平步青云？哎……下次见到蔺相如，我们一定要找他当面理论！

（镜头切换。）

（旁白：而此时在蔺相如府中，蔺大人却是忧心忡忡。）

门客：蔺大人，大王此次拜您为上卿，官职居于廉将军之上，那是无比荣耀之事啊，您却似乎一点也不高兴？

蔺相如：拜为上卿，那是大王对我的器重，倘若此事令廉将军产生误会，导致我二人无法齐心协力，这可就得不偿失了啊！

第二场

（旁白：某日，大街上，蔺相如与廉颇各自外出。）

门客：（伸手遥指）蔺大人，看，那不是廉将军吗？

蔺相如：（定睛一看）快，调头，别和他们碰面。

（蔺相如与门客转到了一个胡同里。）

小兵：（大叫）廉将军，看，蔺相如见了您就跑，果然是怕了将军。

廉颇：哦？太好了，哈哈哈……（沉思一下，跳下车）你跟过去看看。

（镜头切换。）

门客：蔺大人，您今天见了廉将军就跑，莫非您真是怕了他不成？

蔺相如：廉将军对我有些成见，我们还是不碰面的好。

门客：蔺大人，您的官职在廉将军之上，为什么要躲着他呢？

蔺相如：你说说看，秦国之所以不敢对赵国下手，是因为什么？

门客：是因为我们赵国万众一心，齐心抗敌。

蔺相如：不错，俗话说："文能治国，武能安邦。"赵国文有我蔺相如，武有廉将军，所以秦国不敢来犯。

门客：可是蔺大人您与廉将军本应平起平坐，他们也不能欺人太甚吧！

蔺相如：如果我与廉将军闹矛盾，那么秦国必定乘虚而入。因此，我宁愿躲着廉将军，也不想和他发生正面冲突。

（旁白：蔺相如的一席肺腑之言，传到廉颇那里，使廉颇受到了很大的震撼，他对蔺相如产生了由衷的敬佩。此刻，廉颇做出了一个重大决定，要以一种能充分表达诚意的惊人之举向蔺相如谢罪，与他尽释前嫌，共同为国效力。）

廉颇：（深受感动，自言自语道）是啊，有什么比国家的利益更重要呢？我竟为了一个虚名与蔺大人过不去。我怎么这么糊涂啊！

第三幕

（旁白：蔺相如府上，蔺相如正伏案起草公文。）

门客：大人，廉将军求见。

蔺相如：快快有请。

门客：廉将军请。

（旁白：廉颇身负荆棘，一入正堂，就朝蔺相如跪下，众人一惊。）

蔺相如：廉将军，这是做什么？快快请起。

廉颇：蔺大人，我廉颇是个粗人，只会带兵打仗，没什么心眼。若非蔺大人胸怀社稷，大人大量，不与小人一般见识，则早已危及国家矣！以往多有得罪之处，望蔺大人莫放在心上。

蔺相如：我对廉将军一向心怀敬佩，将军快快请起。（扶起廉颇）你我二人，一武一文，助大王安邦治国平天下，和则利国，斗则祸国。

廉颇：我愿与蔺大人化干戈为玉帛，一起并肩奋斗。

蔺相如：好啊，廉将军！团结就是力量。让我们同心协力，团结一致，共抗秦国！

廉颇：对！团结一致，共抗秦国！

（旁白：此后十余年间，赵国一片安定，国力日益雄厚。而廉颇和蔺相如"将相和"的故事，也成为后人传诵的千古佳话。）

成语课本剧《晏子使楚》教学设计

【教学目标】

1. 明白成语故事内容及蕴含的道理，初步了解故事发生的社会背景。

2. 初步感知小古文的特点，能在具体的情境中辨析词义。

3. 通过对剧本的解读，进一步了解独白、人物语言的特点。

4. 小组合作，通过动作、表情、道具、音乐等对剧本进行扩充，提高策划能力和表演能力。

【教学过程】

一、辨古今，赏古文

1. 出示《晏子使楚》的现代文。

2. 出示《晏子使楚》的小古文及其出处。

（1）学生自读小古文。

晏子使楚。楚人以晏子短，为小门于大门之侧而延晏子。晏子不入，曰：“使狗国者，从狗门入；今臣使楚，不当从此门入。”傧者更道，从大门入。

见楚王，王曰：“齐无人耶？使子为使。”晏子对曰：“齐之临淄三百闾，张袂成阴，挥汗成雨，比肩继踵而在，何为无人！”王曰：“然则何为使子？”晏子对曰：“齐命使，各有所主。其贤者使使贤主，不肖者使使不肖主。婴最不肖，故宜使楚矣。”

晏子将使楚。楚王闻之，谓左右曰：“晏婴，齐之习辞者也，今方来，吾欲辱之，何以也？”左右对曰：“为其来也，臣请缚一人过王而行。王曰：‘何为者也？’对曰：‘齐人也。’王曰：‘何坐？’曰：‘坐盗。’”

晏子至，楚王赐晏子酒。酒酣，吏二缚一人诣王。王曰：“缚者曷为者也？”对曰：“齐人也，坐盗。”王视晏子曰：“齐人固善盗乎？”晏子避席对曰：“婴闻之，橘生淮南则为橘，生于淮北则为枳，叶徒相似，其实味不同。所以然者何？水土异也。今民生长于齐不盗，入楚则盗，得无楚之水土使民善盗耶！”王笑曰：“圣人非所与熙也，寡人反取病焉。”

——出自《晏子春秋》

（2）谈谈《晏子使楚》古今两篇文章最大的区别是什么。

评析：读小古文一定要追溯源头，就像许多成语就是出自我国古代文献。可以说成语的源头就在一篇篇经典的古文之中，增加了解出处这一环节就是为了让学生能了解查阅资料的路径，为终身学习打下基础。

二、了解故事，简述大意

1. 板书成语课题，理解意思。

2. 出示成语故事《晏子使楚》，学生自读。

自读要求：

（1）借助工具书读准字音，读通句子。

（2）圈画出自己不理解的内容。

（3）和同桌简要说一说成语故事的内容。

3. 交流、了解故事发生的社会背景。

4. 交流故事大意。

（1）解读成语剧本，品读角色魅力。

出示成语剧本，学生自读，找一找剧中一共有几个人物设定，想想每个人物有何特点。

（2）聚焦主人公——晏子。

三、小组交流，预演故事

1. 思考。

（1）结合小古文和现代文说说晏子这个人物的特点。

（2）如何通过人物的神态、动作、语言来表达人物形象？

（3）除了剧本中的提示，我们还可以在哪些方面进行添加？（动作）

2. 预演。

楚王：既然有这么多人，为什么打发你来呢？

晏子：（为难地说）您这一问，我实在不好回答。撒个谎吧，怕犯了欺骗大王的罪；说实话吧，又怕大王生气。

楚王：（不屑地说）实话实说，我不生气。

晏子：（拱拱手）敝国有个规矩：访问上等的国家，就派上等人去；访问下等的国家，就派下等人去。我最不中用，所以被派到这儿来了。

楚王：（陪笑）今晚我设宴招待使者。

（众人下。）

3. 学生自读，班内交流。

四、小组合作演绎，充实剧本内容

1. 小组合作，排演剧本。

（1）组内角色分工，背熟剧本内容。

（2）组长组织协调，组内进行对戏。

（3）组内商讨角色，设计动作表情。

2. 小组竞演，相互补充。

（1）指名小组上台表演，引导学生关注动作、表情、站位。

（2）对小组自主设计的特别好的动作进行表扬。

（3）对表情演绎特别到位的学生进行现场采访。

五、幕后细节讨论，精致表演效果

1. 讨论角色的服饰特点。

2. 交流舞台背景要素。（为了避免场景单一，可以考虑场景更换，注意每个场景的色调）

3. 考虑背景音乐类型。

4. 关注剧中人物道具。

六、终极汇报演出，评选最佳团队

1. 邀请家长、同年级其他班级的学生代表观看演出并担任评委。

2. 评选出最佳表演奖、最佳组合奖、最佳服饰奖、最佳创意奖等。

（本课设计者：李丽）

附：

《晏子使楚》剧本

第一场

（春秋时期，齐国。）

齐王：晏子，本王想派你去访问楚国，楚国现在很强大，你要争取让楚国和我们结成盟国。

晏子：是，大王，我一定不负您的重托。（跪地）

（楚国大殿，一大臣来报。）

大臣：报告大王，齐国将派晏子来访问我国。

楚王：哼，小小齐国胆敢访问我泱泱大国，看我怎么羞辱使者。

（众大臣哈哈大笑，然后在一起窃窃私语。）

第二场

（楚国城门，两武士手持长刀站岗，大臣等候晏子。城门紧闭。）

晏子：（走上前）见过大人。

大臣：使者，这边请。（手指狗洞）

晏子：（朝着大臣，不紧不慢地说）这是个狗洞，不是城门。只有访问“狗国”，才从狗洞进去。我在这儿等一会儿。你们先去问个明白，楚国到底是个什么样的国家？

（大臣退，与楚王窃窃私语。）

大臣：（来到晏子面前）使者，请。（手指城门，武士开门）

第三场

（楚国大殿。）

晏子：（抱手，行跪拜礼）见过楚王。

楚王：（冷笑）难道齐国没人了吗？

晏子：（严肃地）这是什么话？我国首都临淄住满了人。大伙儿把袖子举起来，就是一片云；大伙儿甩一把汗，就是一阵雨；街上行人肩膀擦着肩膀，脚尖碰着脚跟。大王怎么说齐国没有人呢？

楚王：既然有这么多人，为什么打发你来呢？

晏子：（为难地说）您这一问，我实在不好回答。撒个谎吧，怕犯了欺骗大王的罪；说实话吧，又怕大王生气。

楚王：（不屑地说）实话实说，我不生气。

晏子：（拱拱手）敝国有个规矩：访问上等的国家，就派上等人去；访问下等的国家，就派下等人去。我最不中用，所以被派到这儿来了。

楚王：（陪笑）今晚我设宴招待使者。

（众人下。）

第四场

（楚国大殿，众人坐在酒桌旁，说说笑笑。两个武士押着一个囚犯，从堂下走过。）

楚王：站住。（武士停）那个囚犯犯了什么罪？他是哪里人？

（囚犯反抗，一武士将其制服，让其跪下。另一武士跪地回话。）

武士：犯了盗窃罪，是齐国人。

楚王：（朝着晏子，笑嘻嘻地说）齐国人怎么这么没出息，干这种事？

（楚国大臣得意地大笑。）

晏子:（面不改色）大王怎么不知道哇？淮南的柑橘，又大又甜。可是橘树一种到淮北，就只能结又小又苦的枳，还不是因为水土不同吗？同样的道理，齐国人在齐国能安居乐业，好好地劳动，一到楚国，就做起盗贼来了，也许是两国的水土不同吧。

楚王:（赔笑）我原来想取笑大夫，没想到反让大夫取笑了。

晏子:（拱手）哪里。其实，敝国想与贵国结成盟国，不知大王意下如何？

楚王:（笑）好，那我们两国就此结成盟国，从此一同对付敌人吧。

（众人笑，举杯，做饮酒状。随后退下。）

成语课本剧《揠苗助长》教学设计

【教学目标】

1. 熟读故事，明白成语故事内容及蕴含的道理，初步了解故事发生的社会背景。

2. 通过对剧本的解读，体会人物的语言、动作、表情、心理，为更好地表演做准备。

3. 小组合作，通过动作、表情、道具、音乐等对剧本进行扩充，提高策划能力和表演能力。

【教学流程】

一、了解成语故事，简述成语大意

1. 板书成语课题，理解成语意思。解释、交流“揠”的意思。

2. 出示成语故事《揠苗助长》，学生自读。

自读要求：

（1）借助工具书读准字音，读通句子。

（2）圈画出自己不理解的内容。

（3）和同桌简要说一说成语故事的内容。

3. 复述故事。

4. 交流故事中人物的性格特点。

5. 总结归纳。

故事写了一个自作聪明的农夫，为了让田里的秧苗快快长高，竟干出了揠苗助长这样愚蠢的事。农夫违反事物的发展规律，好心反而办了坏事。其实，在现实生活中，类似揠苗助长的事例并不少，这就提醒我们，绝不要做揠苗助长的蠢事。

评析：通过课前的资料查阅，让学生对故事的背景、人物形象有初步的了解。

二、解读成语剧本，品读角色魅力

1. 出示成语剧本，学生自读，找一找剧中一共有几个人物设定。

2. 教师范读，学生分角色朗读，师生合作，配乐朗读剧本。

3. 学生互评，关注人物的语言和内心情感。

4. 出示对话，要求学生读出恰当的语气。

5. 学生扮演禾苗。

6. 同桌之间讨论禾苗的内心活动、语言、语气等。

评析：采用多种朗读形式，如教师范读、分角色朗读、配乐朗读等帮助学生了解剧本，抓住人物的语言、神态、动作，以及环境描写等，体会剧中角色的语言特色、人物形象，从而感受人物的魅力。

三、小组合作演绎，充实剧本内容

1. 小组合作，排演剧本。

（1）组内角色分工，背熟剧本内容。

（2）组长组织协调，组内进行对戏。

（3）组内商讨角色，设计动作表情。

2. 小组竞演，相互补充。

（1）指名小组上台表演，引导学生关注动作、表情、站位。

（2）对小组自主设计的特别好的动作进行表扬。

（3）对表情演绎特别到位的学生进行现场采访。

四、幕后细节讨论，精致表演效果

（1）讨论角色的服饰特点。（抓住“农夫”的人物形象）

（2）交流舞台背景要素。（为了避免场景单一，可以考虑场景更换）

（3）关注剧中人物道具。（太阳、禾苗、锄头等）

五、终极汇报演出，评选最佳团队

1. 邀请家长、同年级其他班级的学生代表观看演出并担任评委。

2. 评选出最佳表演奖、最佳组合奖、最佳服饰奖、最佳创意奖等。

六、谈谈参与本次表演活动的感受

学生从表演方面的得失、从其他同学那里学到的东西、对友谊与财富关系的理解、如何与其他同学默契合作等方面谈感受。

（本课设计者：曹一彬）

附：

《揠苗助长》剧本

时间：春天清晨

地点：一户农家屋舍边

人物：农家老汉——丁老其；农家儿子——丁小宝；老人；禾苗；小青蛙。

布景：农家屋舍的一角，一片远山，一片绿草。

（背景音乐起。道具“太阳”从舞台后方右侧出场，制造太阳初升的景象。）

（六株禾苗站在一起，定格在舞台的右角，随着音乐声起，仿佛刚刚睡醒似的伸伸懒腰，四处张望，继而跳起一段舞蹈。突然，“喔——”一声大公鸡打鸣，音乐和舞蹈戛然而止，六株禾苗立刻停止舞蹈，回到原位，又站在一起。）

丁老其：（快速从舞台右侧跑上，跑出一段路，发现鞋子落在身后，又急忙转身捡起，忽然抬头望向观众）啥？我是谁？嘿嘿——（数来宝节奏声起，丁老其跟着节奏对观众唱）老汉我姓丁名老其，可人人都叫我“丁老急”！——（数来宝节奏声止）为啥？嘿嘿——（数来宝节奏声又起）吃饭睡觉劈柴打鱼啥事我都着急！——（数来宝节奏声止）你们问我这么着急是要上哪儿去？——（看天）这不，大好的春光，我赶着下田插秧去！——（一拍脑袋）哎哟！你看看，你看看，我这一着急啊，把秧苗都

给落家里了！——得，回去拿吧！（急急忙忙从舞台右侧下）

（背景音乐起。）

丁老其：（从舞台左侧上场，拿着一根长绳，一头系着一株禾苗，拉起长绳围着禾苗绕一圈，将另一头系着另一株禾苗。拉起长绳两头，开始在舞台上跟着音乐节奏绕圈走，禾苗们也在长绳的牵引下跟着丁老其走。绕场两圈之后，来到田边，丁老其将禾苗们拖至舞台左角，解开长绳，将禾苗一株株抱起，“插”入田里，禾苗们则一株株按照丁老其插秧的位置蹲下。道具“太阳”从舞台后方右侧缓缓移动到舞台后方中央。丁老其自言自语）哎，总算忙完了。（从左侧走到右侧打量禾苗，再从右侧走到左侧打量禾苗。道具“太阳”从舞台后方中央缓缓移动至舞台后方左侧。丁老其擦擦汗，自言自语）小禾苗呀小禾苗，你可要为我“丁老急”争气啊！（走上前，看天色，）哟！天色不早了，我得赶紧回去了！（拾起长绳从舞台右侧下。道具“太阳”缓缓从舞台右侧下场）

（画外音：青蛙的叫声。两只小青蛙分别从舞台两侧跳上，在禾苗们的身边跳来跳去。道具“月亮”“星星”从舞台后方右侧缓缓上场并移动至舞台后方中央。）

禾苗甲：（睁大了眼睛，顽皮地朝两边看看，笑）嘻嘻——！嘻嘻——！

禾苗乙：（眼睛也四下里转了转，笑了起来）嘻嘻——！嘻嘻——！

众禾苗：嘻嘻——！嘻嘻——！哈哈——！嘻嘻——哈哈——！

禾苗甲：（伸了个懒腰）这里可真舒服啊！

禾苗乙：是啊！这么新鲜的空气，这么松软的土壤！

禾苗丁：比原先的地方舒服多啦！

众禾苗：是啊！是啊！

禾苗丙：哎，你们说，我们得在这里待多长时间啊？

禾苗甲：这都不知道！从春天人们把我们插到田里，到秋天稻穗成熟，我们得在这里待上大半年的时间呢！

禾苗戊：在这半年里，人们还得不断地给我们除草、施肥，我们才能健康成长。

禾苗乙：这就是我们禾苗的生长规律啊！

禾苗丙：哦，原来是这样——

禾苗甲：哎，时间不早了，大家快睡觉吧！

众禾苗：嗯！

（背景音乐起。禾苗们闭上了眼睛，甜甜地睡着了。小青蛙在禾苗之间跳来跳去。）

（画外音：大公鸡几声打鸣。道具“月亮”“星星”缓缓从舞台后方中央移动至舞台后方左侧下场。随着公鸡的打鸣，道具“太阳”从舞台右侧缓缓移上。禾苗们纷纷睁开眼睛。）

（丁老其快速从舞台右侧跑上。）

（画外音，丁小宝的声音：爹——您这又是要上哪儿去啊？）

丁老其：（听见儿子的声音，刹住脚，回头朝舞台右侧）爹昨个儿把秧苗插好了，今儿下田去瞧瞧！（转身绕场走。数来宝节奏声起，丁老其一边走一边说）春光无限好，老汉我插秧苗，今儿下田走一遭，把我的小苗儿瞧！（走到田里，对着禾苗们一边左右打量，一边还用手量一量禾苗的高度，量着量着，慢慢地皱起了眉头）唉，咋一点儿也没长高呢？（又比画了一下）是一丁点儿也没有长高！唉——（在田边找了个地方坐下，对着禾苗们抽起了旱烟。道具“太阳”缓缓从舞台后方右侧移动至舞台后方中央，再移动至舞台后方左侧，丁老其看看天）唉——（站起身，回头看看禾苗，沮丧地说）小苗儿呀小苗儿，我只有明天再来看看你们了。（慢慢转身，从舞台右侧走下）

（道具“太阳”从舞台后方左侧移下。画外音：青蛙的叫声。道具“月亮”“星星”从舞台后方右侧缓缓移上，直至舞台后方中央。）

禾苗甲：（突然笑）嘻嘻——！

禾苗乙：嘻嘻——！

众禾苗：嘻嘻——！哈哈——！嘻嘻——！哈哈——！

禾苗丙：哎呀！熏死我了！熏死我了！今天一天可把我熏坏了！

禾苗甲：可不是嘛！那个丁老其，坐在田边抽了一整天的旱烟，我也被熏得不行了！

禾苗丁：哎——看来，他好像不太高兴啊！

禾苗丙：是啊！是啊！为什么呢？

禾苗甲：我知道！因为呀，他觉得咱们长得太慢了！

禾苗乙：是啊！是啊！你们没瞧见他一个劲儿地说：（学着丁老其的样子，皱起眉头）唉，咋一点儿也没长高呢？是一丁点儿也没有长高！哎——

（众禾苗笑成一团。）

禾苗丁：他怎么那么着急啊？

禾苗丙：是啊！难道他不知道我们禾苗生长的规律吗？

禾苗甲：是啊！算了，算了，别想了，大家快休息吧。

（众禾苗闭上眼睛，睡着了。小青蛙在禾苗们身边跳来跳去。）

（丁老其一手拿着旱烟袋，一手拖着一把竹椅从舞台左侧上，然后找了个地方坐下，抽起旱烟来。）

（画外音，丁小宝的声音：爹——您在哪儿呀？您咋不吃晚饭呢？）

丁老其：我在后院歇歇凉，我吃不下！（继续抽旱烟，一边抽，一边想着心事，喃喃自语）这是咋回事呢？咋一丁点儿也没长高呢？这要到啥时候才能结出谷子来呀！唉——咋办呢？（继续抽烟，想着想着，渐渐地，眼睛里放出光彩来，突然起身，满脸兴奋）哎——有了！我可以——（高兴地摸下巴）嘿嘿，好！（陶醉地）真好！对！就这么着！我明天一早就下田！（转身）还没吃晚饭，不行，明天要干活，今天得赶紧多吃点。小宝，给爹盛饭。（提起竹椅，转身从舞台左侧下场）

（道具“月亮”“星星”从舞台后方中央缓缓移动至舞台后方左侧下。大公鸡一声长鸣，道具“太阳”从舞台后方右侧缓缓移上。）

丁老其：（肩搭一块毛巾，拿着旱烟袋，哼着小调从舞台右侧上）啷哩个啷，啷哩个啷，啷哩个啷哩个啷哩个啷……（一边唱一边笑一边绕场走。走着走着，来到田边，笑眯眯地看着禾苗们）小禾苗，我又来啦！（左看看，右看看，笑着说）还是没长高哟。没关系，老汉我今天来呀，就是要帮帮你们长高呀——

（背景音乐起。）

丁老其：（卷起袖子和裤腿，哈气，拍手，走到第一株禾苗前，拉住禾苗往上拔，小禾苗被扯高了一截，可刚一松手，小禾苗又缩了回去，丁老其不死心，又一次拉住小禾苗往上拔，这一次，小禾苗终于被拔高了一大截。丁老其停下来正要松手，又不放心地继续拔了一阵，这才小心翼翼地松开手。小禾苗虽然被拔高了，但不知为什么，脸上露出了不高兴的表情。丁老其停下来，左右打量小禾苗，又用自己的手量了量，兴奋不已）嘿嘿——嘿嘿嘿——好，真好！一下子就长这么高了！快！真快！嘿嘿嘿——（接着，又在音乐声中费力地拔其他的禾苗。拔完最后一株禾苗，丁老其一屁股坐到了地上，累得直喘粗气。背景音乐停）

丁老其：（高兴地）嘿嘿——嘿嘿嘿——总算没有白忙活！小禾苗都长高啦！（起身，用毛巾擦汗，拿出旱烟袋笑眯眯地抽起来，一边抽一边陶醉地看着“长”高的小禾苗们，似乎完全没看见禾苗们脸上愤怒的表情。过了一会儿，站起身，把旱烟袋吹灭，插在腰上，看看天）哎，小禾苗们长这么高了，我可以在家里好好歇几天喽！啷哩个啷，啷哩个啷，啷哩个啷哩个啷哩个啷……（哼着小调从舞台右侧晃悠悠地走下）

（道具“太阳”从舞台后方中央缓缓移动至舞台后方左侧，再缓缓移下。道具“月亮”“星星”从舞台后方右侧缓缓移上。）

禾苗丙：（哭）呜呜呜——呜呜呜——我喝不到土壤里的水了！呜呜呜——

禾苗丁：（哭）呜呜呜——呜呜呜——我也吸不到土壤里的养料了！怎么办呀？呜呜呜——

禾苗乙：（哭）呜呜呜——呜呜呜——我也是，怎么办呀？

禾苗甲：（哭丧着脸）唉——都怪那个糊涂的丁老其，怎么能硬生生把我们拔起来呢？

禾苗戊：是啊！是啊！这哪里是帮助我们长高，这不是要把我们害死吗？

禾苗丙：（哭）呜呜呜——我，我，我快不行了！（倒在了田里）

禾苗丁：我，我，我也不行了——（慢慢倒下）

众禾苗：呜呜呜——呜呜呜——呜呜呜——我们，我们，都，不行了——（一株株慢慢倒下）

小青蛙：呱呱！小禾苗，小禾苗，你们怎么了？快起来，快起来。唉！

好可怜呀！真可怜！（跳过来，伤心地抚摸着小禾苗）

（道具“月亮”“星星”从舞台后方中央缓缓移动至舞台后方左侧下。）

（大公鸡一声低低的打鸣，道具“太阳”从舞台后方右侧缓缓移上。）

丁老其：（伸着懒腰，一手提着竹椅从舞台左侧上）哎——哟——真舒服，昨晚做了个好梦，梦见我的小禾苗们都长高了——（忽然像想起了什么，兴奋地）哎——不是做梦，不是做梦，昨儿个我是真的让我的小禾苗都长高啦！嘿嘿嘿！今儿我可得好好休息休息了。（坐下，拿出旱烟袋，一边抽一边哼着小曲）

丁小宝：爹，您天天都下田看秧苗，今儿是怎么啦？

丁老其：（兴奋地）爹昨个儿——（忽然捂住嘴，四下里看了看，自言自语）这傻小子，我骗骗他再说——（大声）唉——爹今儿身子不舒服，小宝啊——你替爹瞧瞧秧苗去，行不？

丁小宝：哎，我这就去，爹，您在家好好歇着吧！

（丁老其跷着二郎腿，抽着旱烟，不时哼着小曲。）

丁小宝：（突然一个踉跄从舞台左侧冲上来，差点撞上丁老其，上气不接下气）爹，爹，爹，不，不，不好，不好啦——！（不停喘粗气）

丁老其：（站起身，着急地）什，什，什么？什么不好啦？

丁小宝：（继续喘气）咳咳——！

丁老其：（着急）哎哟，我的好儿子啊！你知道你爹这个脾气就是着急，你，你就别让你爹着急了嘛！

丁小宝：（喘气）爹，（喘一口气）咱，咱家的秧苗，全，全——

丁老其：（瞪大了眼睛，着急）全怎么啦？

丁小宝：全死啦！

丁老其：啥？全死啦？（呆住）不，不，不可能——

丁小宝：您要不信，您自己下田去看看——

（话没讲完，丁老其一闪，在舞台上绕场跑起来。）

丁小宝：（跟上，在后面一边喘气一边跑）爹——你等等我啊！

（两人来到田边，丁老其定睛一看。）

丁老其：哎呀——我的小禾苗，你们怎么成这样了？这是咋回事啊？

我的天啊！（顿时瘫倒在地）

丁小宝：（在身后将丁老其扶住）爹——爹——

（一位白发苍苍的老人慢悠悠地从舞台右侧上，走到田边，左看看，右看看，笑了起来，走到丁家父子面前。）

老人：农家师傅？（丁老其不作声，仍然呆着）农家师傅？（丁老其这才缓过劲儿来，目光呆滞地看着老人）如果我没有猜错，你是因为太心急，把禾苗全都拔了起来，是吗？

（丁老其看着老人，点了点头。）

老人：（语重心长地）唉，做什么事都不能太心急啊！一心急，方法用得不恰当，很容易导致意想不到的坏结果啊！禾苗和这世间的任何事情都一样，都有它们自己的生长规律啊！（一边向舞台左侧台下走，一边慢悠悠地说）一分耕耘，一分收获，急不得啊，急不得！（下）

丁老其：（望着老人的身影，渐渐地好像明白了什么）小，小宝——

丁小宝：哎！爹，我在这儿！

丁老其：爹这次再也不会犯糊涂啦！把死掉的秧苗除掉，赶明儿咱再来种秧苗！

第五节　成语文化习作课型

成语文化习作课型主要围绕成语习作展开研究，要求教师在成语文化教学中激发学生对成语的喜爱，引导学生对成语进行合理创编，以发展学生的思维、培养学生的创新能力为总目标，围绕课程目标，以成语故事为切入点选择教学内容，精心设计教学方案。在实践中，初步探索了“成语故事创编”习作课型（包括成语故事扩编、成语故事续编、成语故事新编）。

成语是中华文化中一颗璀璨的明珠。成语中有很大一部分是从古代相承沿用下来的，在用词方面往往不同于现代汉语，它代表了一个故事或典故。我们现在读到的成语故事有些就是文言文改编成的现代文，这是一种故事的再创造。成语文化习作课可以就成语故事引导学生展开合理丰富的想象，把故事写生动、写具体，培养学生的创新能力；也可以引导学生读成语故事，以儿歌的形式改编故事；还可以结合当下的一些现象创编故事，这样更具时代性。

一、成语文化习作课型对学生成长的独特价值

其一，成语文化习作课以故事为切入点引导学生进行习作，激发了学生阅读与创作的兴趣。成语作文的故事性和趣味性会使学生产生写作的兴趣，增强作文教学的吸引力。

其二，成语文化习作课以成语故事为依托，拓展了写作素材，丰富了学生的表达内容。长期以来，我们对成语应用的认识多停留在其造句功能上，如果我们把成语作为一种课程资源进行开发，就可以产生许多有价值的教育教学附属品。成语本身就是一种宝贵的语言资源，而成语背后又蕴含着深厚博大的传统文化，如果学生扎扎实实积淀六年，一生都将受益无穷。

其三，成语文化习作课发展了学生的思维，培养了学生从多角度展开合理想象的能力和创新能力。成语故事大多意蕴深刻、情节跌宕，有很多故事的起因、经过、结果不能按照常理来论断，学生在这样的阅读中经常会有很多疑问，有疑问就会有思考，有思考就会迸发智慧的火花。成语文化习作课可以使学生充分发挥想象，进行多角度的思维训练，对习作能力的提高有着积极的作用。

二、成语文化习作课型的序列化教学目标和教学内容

年段	年段目标	教学内容
低年段	在看成语故事视频或听成语故事的基础上，展开合理的想象讲故事，发展想象能力，提高口语表达能力。	以经典的成语神话故事、民间故事、寓言故事为主。如开天辟地、夸父追日、炼石补天、共工触山、牛郎织女、八仙过海、水漫金山、替父从军、自相矛盾、坐井观天、叶公好龙、刻舟求剑等。
中年段	在教师的引导下进行一个成语多个版本的故事阅读，学习编故事的方法，迁移方法，扩编或续编故事，把故事写生动、具体，发展多角度思考的能力、创新能力和表达能力。	以与历史、团结、诚信相关的成语和寓言故事为主。如一鼓作气、破釜沉舟、退避三舍、四面楚歌、同舟共济、众志成城、一诺千金、季札挂剑等。

（续表）

年段	年段目标	教学内容
高年段	读懂成语故事的内容，知道成语故事的意思，结合当下的一些社会现象等新编成语故事，培养多角度构思的能力，提高表达能力。	以经典名著中的成语和寓言故事为主。如有眼不识泰山、瞒天过海、金蝉脱壳、釜底抽薪、愚公移山、绳锯木断、百炼成钢、咬钉嚼铁等。

三、成语文化习作课型的一般教学流程

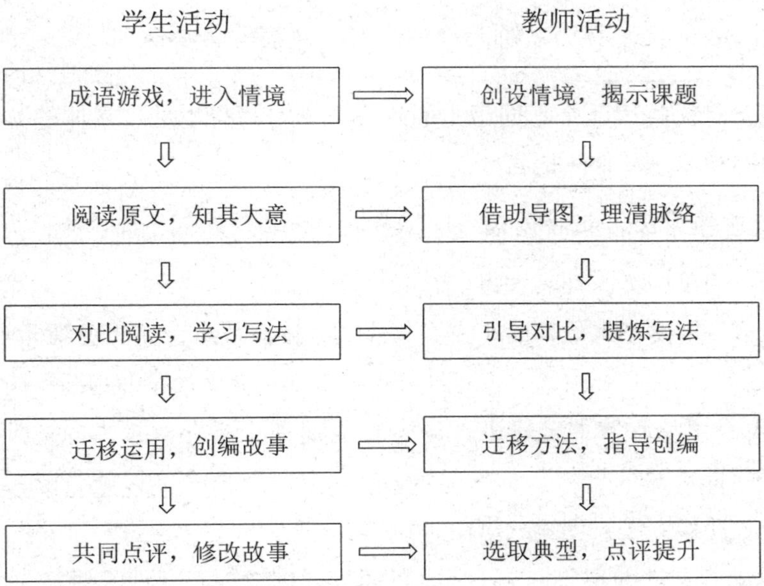

1. 创设情境，揭示课题

看图猜成语，揭示课题，进入创作情境。

2. 借助导图，理清脉络

学习一篇小古文，借助译文读懂小古文，用思维导图的形式呈现小古文的故事内容。

3. 引导对比，提炼写法

（1）读一个成语的几个不同版本的故事，与译文对比阅读，在原有思维导图的基础上增加作者的创编。

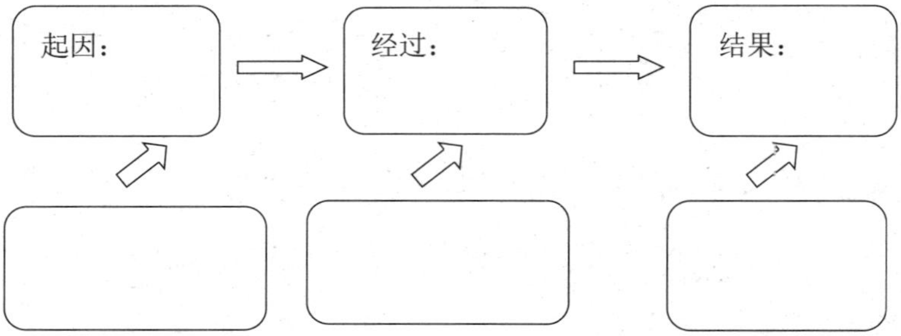

（2）对比阅读几个不同版本的故事，学习写得生动、具体的方法：想象人物的神态、动作、语言等。

4. 迁移方法，指导创编

（1）阅读原文，知其大意。

出示一篇要创编故事的小古文与译文，读懂故事，完成思维导图。

（2）迁移方法，创编故事。

① 展开合理的想象，在小古文的思维导图上加上合理的想象。

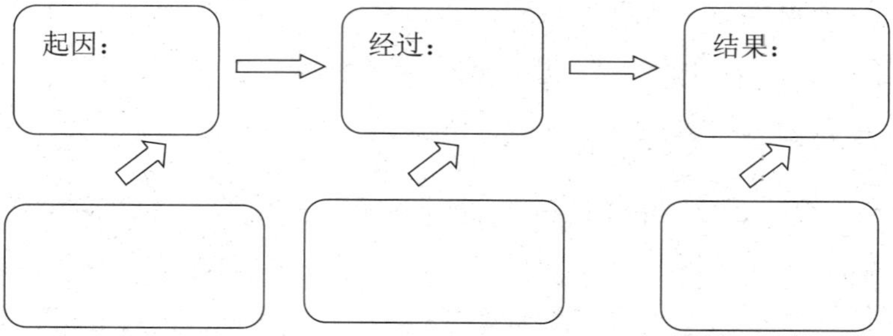

② 按故事情节创编故事，合理想象人物的神态、动作、语言等，把故事写生动、具体。

5. 选取典型，点评提升

选取学生创作的典型故事进行投影，先集体点评、修改，再小组互评、修改。

四、成语文化习作课型的实施建议

第一，精心选材，合理编排。成语文化习作课的选材十分重要，需要按故事结构的相似点组合内容，精心设计。例文故事的多个版本的选择要有侧重点，以使学生能从中学到写作的方法。

第二，思维导图，理清脉络。学生以形象思维为主，思维导图能让学生清晰地了解故事内容。在读例文成语故事的时候，可借助思维导图，呈现故事内容。在读例文的多个版本的故事时，通过在思维导图中增加情节等方法，了解作者编故事的方法。

第三，互动点评，完善故事。在创编故事的过程中，可以让学生先说说故事内容，同桌之间相互点评。在完成故事创编后，可集体讲评，或小组互评修改，完善故事。

五、课例与评析

《守株待兔》成语故事扩编教学设计

【教学目标】

1. 借助译文读懂小古文《刻舟求剑》，以思维导图的形式展示故事内容。

2. 阅读多个版本的《刻舟求剑》的故事，在对比阅读中完成思维导图，学习创编故事的方法。

3. 运用所学方法，创编故事《守株待兔》，把故事写生动、具体。

【教学过程】

一、创设情境，揭示课题

1. 出示一些学生学过的寓言故事的图片，让学生猜成语。

2. 这些成语都包含生动的故事，我们读到的这些故事都是作者根据小古文创编的。今天我们也要来学学怎么创编成语故事。

3. 揭示课题：读成语，编故事。

二、借助导图，理清脉络

1. 出示《刻舟求剑》的小古文与译文，通读小古文。

2. 读译文，理解小古文，知道故事内容。

3. 了解这个故事告诉我们的道理。

评析：在学生创编之前，让学生结合小古文与译文读懂成语故事。

三、引导对比，提炼写法

1. 出示两个版本的《刻舟求剑》，学生读这两个故事，并与译文进行对比阅读，说说有什么异同。

同：故事的内容都是讲楚人的剑掉入水中后，没有及时去捞，而是在船上刻记号，等船到了岸边再捞，结果没有捞到。

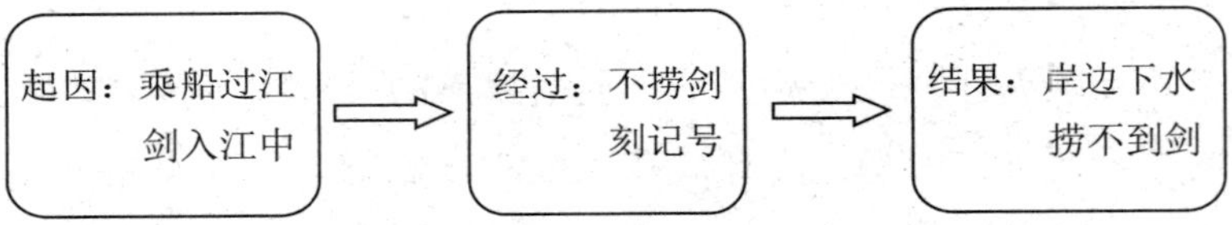

异：两个版本的故事增加了情节。

（1）写出了剑落入水中的原因。

（2）增加了一个情节：有人催他捞剑。通过人物的语言告诉楚人捞不到剑的原因。

（3）描写具体，包括人物的神态、动作、语言。

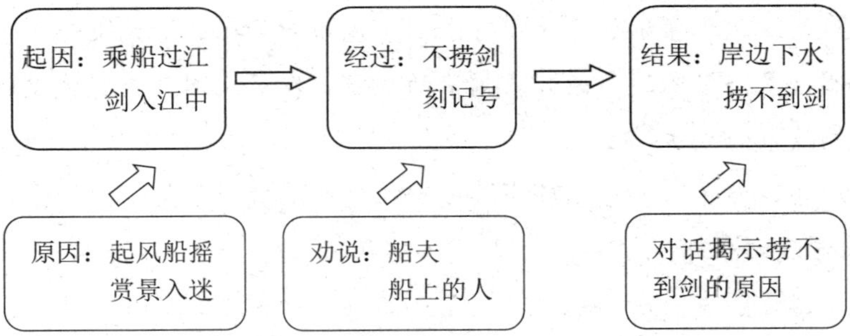

2. 小结创编故事的方法。

（1）故事的主要内容不变。

（2）以故事内容为依据，展开合理、丰富的想象，设想故事情节，推动故事的发展。

（3）根据故事内容，合理分段描写。

评析：借助思维导图，了解故事内容，通过读不同版本的故事，在小古文的思维导图的基础上增加创编的故事情节，清晰地了解编写故事的过程。

四、迁移方法，指导创编

1. 借助导图，理清脉络。

（1）出示《守株待兔》的小古文与译文，通读小古文。

（2）读译文，理解小古文，知道故事内容。

（3）了解这个故事的寓意。

（4）画出故事情节发展图。

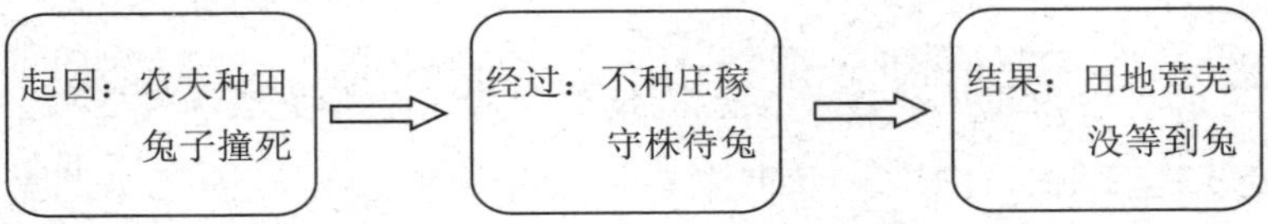

2. 迁移方法，创编故事。

（1）运用所学的方法，展开合理、丰富的想象，设想故事情节，把故事写生动、具体（可以同桌二人合作完成）。

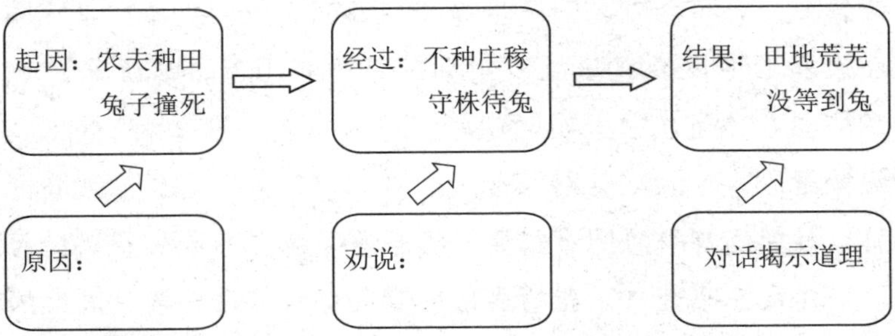

（2）按故事情节创编故事，合理想象人物的神态、动作、语言等，把故事写生动、具体。

评析：迁移创编故事的方法，借助思维导图了解成语故事的内容，展开想象，创编故事情节，把故事写生动、具体，突出故事的中心。

五、选取典型，点评提升

1. 指名读故事，集体点评。

教师选择典型故事，指名读一读，集体点评。

预设：分段描写的合理性。

2. 小组互评，再次修改。

评析：选取学生创编的典型故事，引导学生阅读并点评，指导学生修改故事，把故事编得合理、生动、具体。

（本课设计者：谢春红）

《滥竽充数》成语故事续编教学设计

【教学目标】

1. 借助译文和思维导图读懂小古文《滥竽充数》，了解故事内容。

2. 把小古文与白话文《滥竽充数》进行对比，学习作者把故事写生动、具体的方法。

3. 运用所学方法，合理、生动地续编故事《滥竽充数》。

【教学过程】

一、创设情境，揭示课题

1. 你能完成以下填空吗？（提示：所填词语都是一种乐器）

对牛弹（　）　（　）棋书画　鸣（　）开道　重整旗（　）

晨钟暮（　）　金（　）齐鸣　巧舌如（　）　（　）（　）和谐

2. 今天我们学习的成语故事中也带有一种乐器，这就是——《滥竽充数》。

3. 解释题意。

评析：教师没有采用“看图片，猜成语”的方式导入新课，而是提高了难度，用完成几个带有乐器的成语的填空引入，学生学习成语的兴趣一下子就被激发了出来。

4. 这些成语都有生动的故事，我们读到的这些故事都是作者根据小古文进行创编的。今天我们不仅要学习创编故事的方法，还要学习如何续编成语故事。

5. 揭示课题：成语续编也精彩。

二、借助导图，理清脉络

1. 出示《滥竽充数》的小古文与译文，通读小古文。

2. 小组学习。

（1）对照译文自己学习小古文，

（2）在组内说说故事内容，并借助思维导图理清脉络。

（3）了解这个故事告诉我们的道理。

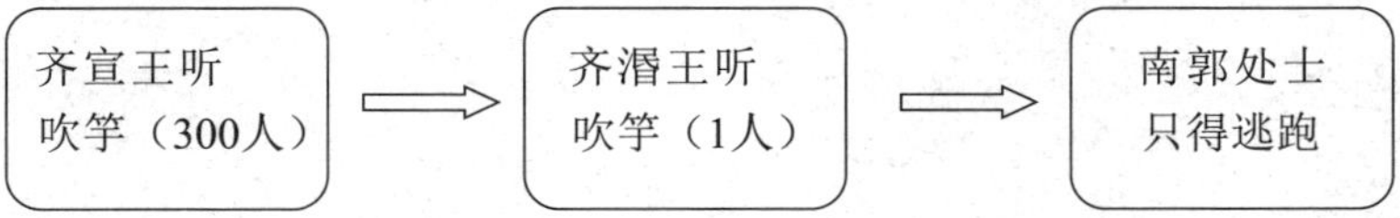

评析：在译文的协助下学习小古文，也是一种学习能力的提升。小组学习，编写思维导图，为理解成语内容提供了抓手。

三、引用对比，提炼写法

1. 出示白话文故事，与小古文对照读，说说二者的异同。

同：故事内容不变，人物不变。

异：小古文短小精悍，白话文生动具体，主要表现在人物的神态、动作、语言方面，结尾阐明了道理。

2. 小组内分节朗读白话文，学习作者的写作方法。

评析：通过对比阅读，找出小古文与白话文的异同，提炼出具体的写作方法，为接下来的成语故事续编奠定基础。

四、拓展思维，激发续编

1. 作者能把这么一篇短小精悍的小古文编得有声有色，人物形象鲜明突出，这主要依托于合理的想象和具体的描写。南郭处士因害怕露馅被迫出逃，后来他会遭遇到什么？故事又会如何发展呢？

2. 小组合作，续编故事。

例 1：南郭处士出逃后被发现，齐湣王派人将其追回，并令其单独吹竽，结果南郭处士丑态百出，被齐湣王责打三十大板投入大牢。（习作指点：可以详细描述南郭处士出逃后的困境、单独吹竽时的窘态、心理活动、与齐湣王的对话）

例 2：南郭处士出逃后很是后怕，也十分后悔自己之前不学无术。他暗下决心，一定要学好吹竽，在齐湣王面前一展风采。于是他拜师学艺，每天起早贪黑，勤学苦练，三年后终于学有所成，在齐湣王面前展示出真正的风采，并忏悔自己以前的错误。齐湣王非但没有惩罚他，还将他留在自己身边，让他每天为自己吹竽。（习作指点：可以抓住神态、动作、语言、心理等方面对南郭处士勤学苦练、展示风采的过程进行描写，注意写生动、具体）

评析：续编成语故事，大大激发了学生的创造性。在小组续编的基础上，学生运用所学的写作方法进行创作，力求故事生动有趣。不同的想象有不同的结果。只要能写生动、具体，就是好创作。

五、选取典型，修改提升

1. 各小组先选取续编好的习作进行互评，再挑选优秀习作参加小组之间的评比。（点评角度：想象合理、故事完整、人物形象鲜明、详略得当等）

2. 选取有代表性的习作，分别进行点评、修改。

3. 学生自己修改、提升。

评析：通过读续编故事，组内、组际点评，指导学生修改故事，让学生在点评、修改的过程中学会把故事编得合理、生动、具体，从而提升写作水平。

（本课设计者：周小燕）

《愚公移山》成语故事新编教学设计

【教学目标】

1. 了解《愚公移山》的故事，知道成语新编的方法。

2. 对成语产生浓厚的兴趣，热爱祖国文化。

3. 能够大胆想象，对成语故事进行改编，掌握相关的写作方法。

【教学过程】

一、创设情境，揭示课题

1. 导入：中国是个具有五千年悠久历史和灿烂文化的文明古国，祖先为我们留下了丰富而又宝贵的文化遗产，丰富而有韵味的语言就是其中之一，成语是这个语言宝库中的瑰宝。下面我们来做个游戏——成语歇后语，看谁接得快。

学生接歇后语：西瓜地里散步——左右逢源；水龙头下洗脑袋——首当其冲；导游者领路——引人入胜；小葱拌豆腐——一清二白；鲁肃服孔明——五体投地等。

2. 揭题：成语不仅有趣，而且有着丰富的内涵和生动的故事。如果让你来改编一个成语故事，你会怎么编呢？今天我们就来学一学成语故事新编的方法。

评析：采用成语歇后语导入新课，不仅帮助学生复习了已学过的成语，还激发了学生学习成语的兴趣。

二、阅读例文，学习方法

1. 指导学生阅读成语故事《愚公移山》的原文，并按照如图所示的方式概括这个故事的内容。

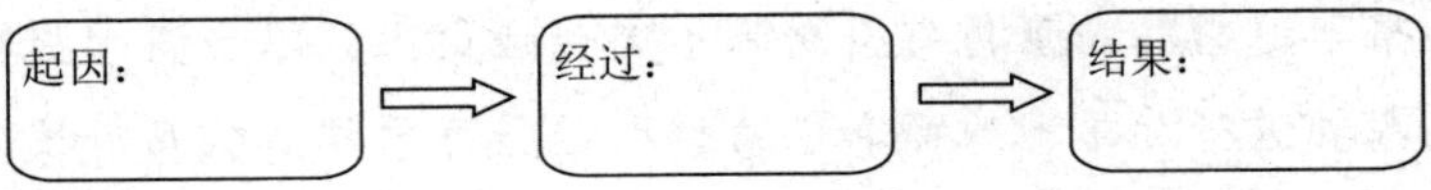

2. 组织交流。

起因：愚公苦于山区北部的阻塞，出来进去都要绕道。

经过：愚公带领全家人移山，遭到了智叟的讥笑，但他依然坚持。

结果：天帝被愚公的诚心感动，命令大力神夸娥氏的两个儿子背走了两座山。

3. 愚公想了常人不敢想的事，做了常人不能做的事，付出了常人难以付出的努力，他的精神值得我们学习。有人根据时代特点对这个故事进行了改编，下面我们来读一读《新愚公移山》。

4. 出示《新愚公移山》，组织交流。

《新愚公移山》的起因、经过、结果是什么？

起因：环保部部长寻找愚公并阻止他移山。

经过：环保部部长向愚公讲述不能移山的原因以及解决交通问题的方法，得到了愚公的认同。

结果：在太行、王屋二山修建了铁路，人民过上了幸福生活。

评析：指导学生阅读成语故事《愚公移山》的原文，通过思维导图的形式理清故事的起因、经过、结果。在了解故事内容的基础上再读改编的《新愚公移山》，为学习成语故事新编打下基础。

三、引导对比，提炼写法

1. 小组讨论:《愚公移山》与《新愚公移山》在内容和写法上有什么异同?

同：作为主人公的愚公，立志移山，为百姓造福。

异:（1）新故事中加入了现代元素，如环保部部长、电话、自然保护区等，更具时代特征。

（2）新故事中的描写更加生动，突出了人物的神态、语言，更能吸引读者的阅读兴趣。

（3）故事主旨由原来赞扬愚公坚持不懈的精神变为倡导人与自然和谐相处。

2. 教师小结:“故事新编”是在准确把握故事主题的基础上，进行大胆的想象，将思维的触角延伸到名著、历史、传说中，以全新的视角对其中的故事、人物进行加工、演绎和包装，即进行再创作，从而对故事的内涵做出独特而传神的诠释，反映社会现实生活。

在进行故事新编时要注意以下几点:

① 遵循继承性原则。就是要以原来的形象为基础，即要保持故事主要形象的基本特征。

② 遵循创新性原则。就是要结合原形特点，创造性地编出一个新故事，或者表达出新的旨意。

③ 遵循意义性原则。就是新编的故事要有中心，有主题。

④ 品读故事，掌握方法。情节变形：对原有的故事情节进行改编。时间变形：改变原有故事发生的时间，加入现实生活中的元素。空间变形：把已有故事的人物放入其他的空间，或让其从事其他工作。

评析：借助思维导图，对比《愚公移山》的故事原文与新编的故事内容与写法上的异同，提炼故事新编的方法。

四、迁移方法，指导创编

1. 指导创编：对《画蛇添足》的故事进行创编。

（1）请一位学生说一说《画蛇添足》的故事与启示。

（2）思考与讨论：新编故事可以发生在什么时候？如一次绘画比赛中。人们对这幅画会有怎样的评价，是嘲笑还是大加赞赏？故事的主旨是什么，是批评社会的不正之风还是褒扬正义之士？

2. 尝试创编。

评析：借助思维导图，了解成语故事的内容与启示。在此基础上，展开想象进行创编，把故事写生动、具体，突出故事的中心。

五、选取典型，点评提升

1. 选取一位学生的习作进行点评，看看他是怎么编的，你对他的故事有什么想法。

2. 说一说这篇习作的优点在哪里，抓住了什么来描写，给我们带来了什么启示。

3. 你觉得这篇习作还可以怎么修改提升？

评析：选取学生新编的故事，引导学生阅读并点评，指导学生修改故事。把故事编得合理、生动、具体。

六、课堂总结

通过本节课的尝试，我们体会到了成语故事新编的乐趣。同学们还可以深入思考，认真讨论，尝试改编《纸上谈兵》《东施效颦》等成语故事，大胆想象，把故事写得更精彩。

（本课设计者：赵婷）

第六节　成语文化探究课型

成语是语言中经过长期使用、锤炼而形成的固定短语。它以凝练的语言形式，浓缩了丰富的文化内涵。成语文化探究课的总目标是：密切学生与传统文化的联系，提升学生的文化品位，提高学生正确使用成语的能力，培养学生热爱祖国语言的思想感情。该类课型具有变革学生学习方式和学习空间的功能。学生可以通过对成语文化中的衣食住行等进行专题研究，利用图书馆、网络等信息渠道获取资料，尝试写简单的研究报告；也可以针对电视、电影中的成语故事和人物形象组织讨论、演讲，培养积极健康的审美情趣；还可以利用小组学习、采访调查等方式，对历史、人物、传统文化进行深入的探究。此外，学生可走出校园，参与博物馆、文化馆等举办的传统文化活动，并表达自己的见闻和想法。

一、成语文化探究课型对学生成长的独特价值

其一，从学生能力发展的角度看，成语文化探究课型有助于促进学生开展探究性学习。探究性学习是指学生在学习过程中发现问题、提出问题，并自主通过一系列途径自主研究问题，从而解决问题的一种学习方法。成语文化探究课程关注了学生的学习兴趣，激发了学生探索的动机，为学生提供了自主、大胆探究的机会。

其二，从传承中华传统文化的角度看，学生可以从不同的方面对成语进行探究。如成语溯源，探究成语的来源；成语内容，包罗万象；成语文化，内涵丰富。成语反映出了中国悠久的历史、灿烂的文化，无论是衣食住行还是百家争鸣，无论是宗教信仰还是诗书礼乐，各个方面都蕴含着成语文化。成语文化探究课程的实施有助于增强学生的民族自豪感，促使学生深入了解我国传统文化。

其三，从语言文字运用的角度看，成语文化探究课程可以引导学生对成语结构、成语运用进行探究，有利于构建学生系统的成语知识体系。

二、成语文化探究课型的序列化教学目标和教学内容

年段	年段目标	教学内容
中年段	以成语探源为主。结合耳熟能详的寓言故事、成语故事，理解成语的意思，拓展成语的来源，并渗透相关的中华传统文化，激发对《韩非子》《山海经》等小古文的阅读兴趣。	以寓言、历史、神话类的成语为主。这些成语故事内容浅显且生动有趣，辅以相关的小古文，极具中华传统文化特色。如《成语与〈韩非子〉》。
高年段	以历史文化探究为主。通过对经典名著中的名人及我国独有的服饰、器物等进行专题探究。可以运用小组学习、采访调查等方式，对历史、人物、文化进行深入的探究。	以历史文化探究为主。以语文教材中的《三顾茅庐》《林冲棒打洪教头》等课文为契机，在整本书阅读的基础上，探究相关名人、历史以及背后的传统文化。如《走近诸葛亮》等。

三、成语文化探究课型的一般教学流程

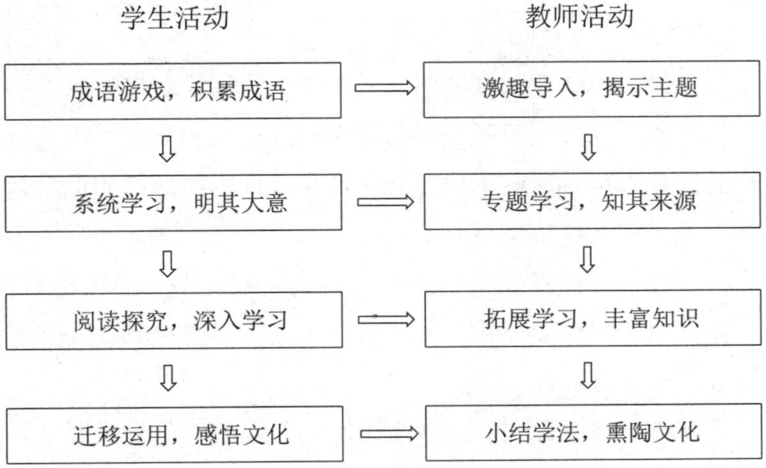

1. 激趣导入，揭示主题

引入看图猜成语、读成语猜人物等经典游戏，让学生在轻松自在的氛围中复习、积累成语，揭示主题。

2. 专题学习，知其来源

引导学生通过对比阅读、小组探究、汇报总结、网络搜索等多种学习方式系统地学习成语，了解成语故事的内容，知道成语的本义和来源，了解相关成语的特点，明白深刻的道理。

3. 拓展学习，丰富知识

相机拓展与主题相关的知识，如地理、历史、科学等学科知识；拓展相关的人物评价或观点，开阔学生的眼界，在此基础上设计相关的语言实践活动，让学生能深入学习成语。

4. 小结学法，熏陶文化

成语虽短小精悍，但绝大多数凝聚着中华五千年的悠久历史和传统文化，所以学习成语也是和古人对话，更是和传统文化碰撞的过程。

四、成语文化探究课型的实施建议

第一，实施中的教师指导。教师应在以下方面给予学生切实的指导：拓宽学生的思维，将体验与探究活动引向深入；指导合作，保证有效的小组合作与分工等。此外，教师要多与学生交流，走入学生的内心世界，倾听他们的认识和感悟，并给予相应的认可和鼓励，使他们的个性得以充分的发展。

第二，课程资源的开发与利用。成语文化探究课程的选材十分重要，需要教师在前期查阅许多资料，思考适合年段特点的探究方式，围绕探究主题精心设计相应的活动。

第三，实施的组织形式。成语文化探究课程的主阵地是课堂，不过必要时也可以将课堂搬到课外，如博物馆等。成语文化探究课程可以采用教师引导学生学习的传统方式，也可以采用学生沙龙、主题汇报等新颖形式。

五、课例与评析

成语与《韩非子》教学设计

【教学目标】

1. 利用小古文与译文对照的方式学习成语故事《郑人买履》《智子疑邻》，了解成语的意思。

2. 对《韩非子》有所了解，激发通过阅读《韩非子》进行成语探源的兴趣。

【教学过程】

一、温习旧知，导入新课

师：在文学的海洋中，寓言就像一颗奇异璀璨的明珠，闪烁着人类智慧的光芒，被誉为“智慧的花，哲理的诗”。同学们，你们喜欢成语故事吗？我们先来进行一个小小的趣味比赛——看图猜成语。

（出示图片，相关成语：自相矛盾、邯郸学步、东施效颦、郑人买履、螳臂当车、滥竽充数、亡羊补牢、守株待兔。）

师：细心的同学会发现，这些成语都是脍炙人口的寓言故事，发人深省，历经千年，仍让我们受益无穷。今天，我们将思接千载，跟随韩非子的脚步，品读他笔下的寓言故事，感受寓言的魅力，领略寓言的智慧之光。

评析：以看图猜成语的游戏导入，既能激发学生学习成语的兴趣，又能巧妙地引导学生温习旧知。而且所选成语都出自《韩非子》，能激发学生对《韩非子》的阅读兴趣。

二、初读小古文，感知成语大意

师：同学们，刚才我们所猜的寓言故事《自相矛盾》《郑人买履》《滥竽充数》《守株待兔》等均出自战国思想家韩非子的笔下。那么，韩非子想借这些故事说明什么道理呢？

1. 学习小古文《郑人买履》。

郑人有欲买履者，先自度其足，而置之其坐。至之市，而忘操之。已得履，乃曰："吾忘持度。"反归取之。及反，市罢，遂不得履。人曰："何不试之以足？"曰："宁信度，无自信也。"

（1）学生自由读。要求：借助注释，大声朗读小古文。

（2）指名读，师生共同正音。

（3）学生自由诵读。要求：准确、有感情地读。

（4）说说小古文的意思。

2. 学习小古文《智子疑邻》。

宋有富人，天雨墙坏。其子曰："不筑，必将有盗。"其邻人之父亦云。暮而果大亡其财，其家甚智其子，而疑邻人之父。

（1）学生自由读。要求：借助注释，大声朗读小古文。

（2）指名读，师生共同正音。

（3）学生自由诵读。要求：准确、有感情地读。

（4）说说小古文的意思。

评析：借助注释理解小古文，进而领悟成语的意思及其蕴含的道理，这对学生来说具有一定的挑战性。这样的设计既符合学情，又有助于学生理解能力的提高。

三、合作探究，理解寓意

师：请同学们再读《郑人买履》《智子疑邻》这两则寓言故事，合作探究，思考问题：这两则寓言故事的寓意是什么？给了你什么启示？可以结合生活实际举例说明。

要求：先独立思考，然后小组合作，交流心得，推选代表发言。

《郑人买履》的寓意：讽刺不适国事而谋先王的荒唐。

《智子疑邻》的寓意：在给人提正确的意见时，要考虑自己与听者的关系，否则会引起不必要的麻烦。同样的事发生在不同的人身上却不同对待，这是不正确的。做人做事要公平，实事求是。

师：这两则故事都阐述了一个道理，谁来总结一下？

学生自由谈。

师：（总结）韩非子主张“世异则事异，事异则备变”的历史观，主张依据当前社会实际采取适当的治理理论和方法，用发展的眼光看问题，懂得变通。

师：（延伸）韩非子的思想与主张极具前瞻性，虽然时隔两千多年，却仍然给予我们有益的启迪。可惜，虽然他多次上书韩王，但是其建议始终未得到采纳。韩非子因口吃无法施展辩才，只能“退而著书”，通过寓言来表达他的政治思想。那么，寓言有哪些特点呢？

（学生自由谈。）

师：（小结）寓言故事往往以小喻大，以此物喻彼物，化抽象为形象，化深奥为浅显，化冷峻为趣味，形象生动，易使人接受。

评析：学习寓言类成语不仅是为了了解故事内容，更重要的是受到故事的启发，对现实进行指导和借鉴。这一环节鼓励学生畅所欲言，而不是以教师的讲解和分析代替学生的自主感悟。最后，由故事蕴含的道理联系韩非子的生平背景，有助于学生更好地理解人物的思想和主张。

四、拓展延伸，了解《韩非子》

《韩非子》是战国时期著名思想家、法家代表人物韩非子的著作总集。著作中有许多当时的民间传说和寓言故事，成为成语典故的出处。

评析：激发学生对《韩非子》的阅读兴趣，鼓励学生走进《韩非子》继续进行成语探源，体现了语文教学不能止于课堂教学的理念。

（本课设计者：洪燕）

《走近诸葛亮》教学设计

【教学目标】

1. 通过交流《三国演义》及相关书籍中诸葛亮的故事积累有关成语。

2. 从小说《三国演义》和历史两个视角，进一步了解诸葛亮。

3. 广泛地阅读书籍，多渠道地学习成语文化。

【教学过程】

一、趣味导入

1. 猜谜导入：通过聊天，顾老师对大家的成语积累有了一些了解，不过我还想考考大家，你们知道下面这些成语的主人公是谁吗？（课件出示）

望梅止渴（曹操）　　七步成诗（曹植）

单刀赴会（关羽）　　一身是胆（赵云）

乐不思蜀（刘禅）　　扶不起的阿斗（刘禅）

2. 师生合作读成语，谈发现，引出《三国演义》。

3. 小结引出探究人物——诸葛亮。

师：最近，我们在共同阅读罗贯中写的《三国演义》，书中不仅有很多个性鲜明的人物，还有很多与其相关的成语，细细品读，让人豁然开朗。今天，就让我们走近其中的一个奇人——诸葛亮。

评析：读成语猜人物既帮助学生温习了所学的成语，又巧妙地引出了成语的来源——《三国演义》。成语教学关注出处是追本溯源，巧用学生喜闻乐见的猜谜方式，能激发学生学习成语的兴趣。

二、走近诸葛亮

师：东汉末年，奸臣当道，百姓民不聊生。各路英雄揭竿而起，逐鹿中原。他足智多谋，运筹帷幄，神机妙算促三国鼎立；他忠肝义胆，淡泊名利，鞠躬尽瘁为蜀汉政权。他就是——诸葛亮。

诸葛亮是深受大家喜爱的历史人物，也是罗贯中在《三国演义》一书中倾注心血、花费笔墨最多的一个人物形象。千百年来，他在人们心中已成为智慧的化身、忠臣的代表。让我们满怀敬意地再读读他的名字。

三、《三国演义》里的诸葛亮

1. 组织学生交流有关诸葛亮的成语。

提到诸葛亮，你的脑海里立刻会浮现出哪些成语？能结合《三国演义》中的故事简要说一说吗？

（引导学生板书成语，要求写端正、整齐。）

三顾茅庐　　上知天文，下知地理

草船借箭　　神机妙算，知恩图报

欲擒故纵　　足智多谋，绝顶聪明

舌战群儒　　德才兼备，忠心耿耿

空城计　　　知己知彼，百战不殆

2. 相机指导并分类：有些成语表示记事，有些成语体现人物品质。

3. 小结并综合评价：诸葛亮是一位政治家、军事家和发明家。

评析：这一环节既帮助学生回忆了与诸葛亮相关的成语，又指导学生学习了成语的分类方式，为学生呈现出一个全面的诸葛亮形象。

四、七嘴八舌谈“诸葛”

1. 上司刘备的评价——如鱼得水。

（1）出示古文：“孤之有孔明，犹鱼之有水也。”

（2）理解成语意思：比喻得到与自己相投合的人或遇到很适合自己的环境。

（3）指出成语的特点——言简意赅，并进行课堂运用。

（4）学着刘备读句子。

2. 对手司马懿的评价——天下奇才。

（1）出示古文：及军退，宣王案行其营垒处所，曰：“天下奇才也！”

（2）观看易中天讲“空城计”的视频，谈感受。

（3）体会司马懿的感情（爱恨交加），读句子。

3. 回顾读：对这样一个奇才，即使三顾茅庐又如何？所以刘备欣喜万分地说：“孤之有孔明，犹鱼之有水也。”

五、众说纷纭话“孔明”

1. 引读，启发学生思考：一些史学家经过科学考证，指出空城计是张冠李戴，甚至连著名的草船借箭、三气周瑜都是子虚乌有、百姓杜撰的，易中天批判《三国演义》将诸葛亮塑造成了“近人近妖”。那么为何人们要如此推崇诸葛亮呢？

2. 指名读诸葛亮的自评。

3. 学生交流。

4. 补充：诸葛亮之所以受后人推崇，其中一个重要的原因就是他的忠诚、诚信。当刘备临终托孤，建议他若阿斗不济可取而代之时，他直言“臣等尽施犬马之劳，以报陛下知遇之恩也”；当孙权、曹操想用高官厚禄来拉拢他时，他甘愿为蜀汉“鞠躬尽瘁，死而后已”。

5. 文化渗透：具有这种忠诚、诚信的高贵品格的人在我国历史上还有很多，你还知道哪些？（季札、屈原、季布、岳飞等）

6. 师：（总结）我们因是中国人而感到骄傲，更因我们有着历经千年洗礼的中国魂——忠、信而自豪，这就是我们的成语文化。

出示杜甫《蜀相》一诗中的诗句：“三顾频烦天下计，两朝开济老臣心。出师未捷身先死，长使英雄泪满襟。”

评析：从他人评和自己评两个角度，从同时代人评和后人评两个维度，既让学生全面地认识了诸葛亮，也为学生学习新成语、传承传统美德做了铺垫。

师：对于这样一个具有传奇色彩的人物——诸葛亮，后人评说的争议从未停止。大家可以更广泛地阅读相关图书，公正客观地去看待这位奇人。

（本课设计者：顾彬）

“一言九鼎”成语文化探究教学设计

【教学目标】

1. 初步了解“鼎”的历史文化，认识含有“鼎”字的成语，知道这些成语的由来，理解“三足鼎立”“大名鼎鼎”“一言九鼎”“人声鼎沸”“鼎力相助”的含义。

2. 通过对短文《世纪宝鼎》的阅读，感受“鼎”在中华民族历史文化中的地位和影响力。

【教学过程】

一、看图猜成语

1. 教师在大屏幕上先后展示下面三幅图，请学生根据每幅图猜一个成语。

图 1

图 2

图 3

2. 学生看图猜成语，简单说说图中有哪些蛛丝马迹帮助我们猜出成语，并用自己的话说说成语的意思。

（1）图 1：鼎有三只脚，所以是“三足鼎立”（比喻三方面的势力对峙）。

师：在《三国演义》中，魏、蜀、吴三国三分天下，形成了三方分立，互相抗衡，好比鼎的三条腿各立一方，所以叫“三足鼎立”，也叫“三分鼎立”“鼎足三分”“鼎足之势”。

（2）图 2：“名”字很大，下面有两个鼎，连起来就是“大名鼎鼎”。

师：像“大名鼎鼎”这样带有叠词的成语大多看字面就能猜出叠词的意思，从而能联想出整个成语的意思。谁来猜猜“鼎鼎”的意思？

生：“鼎鼎”与大有关，可能是指很大。

师：是的，这样的叠词往往用来形容成语中的另一个词。“鼎鼎”就是指名气很大的样子。“大名鼎鼎”就是形容名气很大，极其有名。它还有几个近义词朋友也是成语，你知道吗？

生：赫赫有名、名扬天下、举世闻名。

师：这些成语都有形容名气大的意思，让我们一起读一读。

（3）图 3：图中有九个鼎，这个成语应该和“九鼎”有关，是“一言九鼎”。这个成语告诉我们做人要讲诚信，说过的话一定要做到。

二、探究成语“一言九鼎”背后的秘密

师：为什么很多成语都用到“鼎”这个字呢？这跟鼎的形态、用途、意义有关。

图4

图5

师：（出示图4）鼎看起来像厨房里的什么？（生：锅）是的，鼎最初是用来煮东西的。数千年前，又大又重的陶鼎是河洛人煮饭的好帮手。最早使用“人声鼎沸”这个成语的人八成用鼎烧过水：人群吵闹的声音，听起来就像鼎中的水烧开了咕嘟咕嘟地响。你如果到洛阳博物馆瞧瞧古代的鼎，就会发现但凡是圆鼎，都是圆肚子、三只脚。（出示图5）这样的方鼎有四只脚，但不如圆鼎常见。

商周时期，青铜鼎流行，但青铜很贵且稀缺，只有贵族才用得上。贵族喜欢区分贵贱，用鼎也要定规矩：卿、大夫可用五尊鼎，诸侯可用七尊鼎，只有天子才能用九鼎。吃饭的时候，大大小小的鼎一列排开，里面装着不同的肉食，成语“列鼎而食”就描述了这种场面，形容豪门贵族的奢侈生活。在这样的宴席上，还得敲编钟奏乐，这种豪华排场就叫“钟鸣鼎食”，也是一个成语。

商周时期的青铜鼎，既是食器，又是祭祀用的一种礼器。每逢重大庆典，古人往往要铸造铜鼎，并在鼎上镌刻文字以作为纪念。洛阳博物馆里有一尊商朝的“子申父己”铜鼎，便是因鼎腹内刻着“子申父己”铭文而得名。

（出示图6、图7）在图中找找鼎上的铭文，认一认。

图6

图7

作为礼器的鼎意义重大，而且大多又大又重，所以后人常用成语“力能扛鼎”形容力大无穷，用成语“鼎力相助”形容大力帮助，用成语“大名鼎鼎”形容声名显赫。

传说最珍贵的鼎是大禹铸造的九尊青铜鼎，象征九州，代表王权。夏、商、周三代都把这九鼎当成传国之宝，安放在国都。周成王定鼎洛阳，可诸侯不服，这便有了楚庄王问鼎洛阳的故事。古人认为洛阳乃天下之中，所以定鼎洛阳又叫“定鼎中原”，问鼎洛阳可称“问鼎中原”，成语“问鼎中原”就流传下来了，比喻企图夺取天下。

得中原者得天下，能够定鼎中原、敢于问鼎中原者，不是政治家就是野心家，都是奔着雄霸天下去的。倘若能够雄霸天下，说话自然就有分量了，有多少分量？“一言九鼎”，一句话顶得过九鼎，可见此人说话信誉极高，一言半语就起决定作用。

与“鼎”有关的成语非常多，在刚才的学习中我们又认识了下面六个成语，让我们一起读一读，想一想它们的含义：人声鼎沸、列鼎而食、钟鸣鼎食、力能扛鼎、鼎力相助、问鼎中原。

三、了解“世纪宝鼎”

1. 学生自主学习。

（1）自主默读短文《世纪宝鼎》，说说第一自然段依次介绍了宝鼎的哪些方面。

（2）向同伴简要介绍一下世纪宝鼎最具匠心之处，并谈谈自己的感受。

世纪宝鼎（节选）

世纪宝鼎安放在联合国大厦北花园绿色的草坪上。鼎座高0.5米，象征联合国成立50周年；鼎身高2.1米，象征即将来临的21世纪。鼎重1.5吨，三足双耳，腹略鼓，底浑圆，四周有商周纹饰，浮雕兽面，云纹填底。底座上饰56条龙，象征华夏的56个民族都是龙的传人。

鼎内铸有铭文“铸赠世纪宝鼎，庆贺联合国五十华诞”。鼎座前为“世纪宝鼎”四个金文大字。鼎座后面书写“中华人民共和国赠　一九九五年十月”。整个宝鼎造型古朴，工艺精湛，堪称宏伟杰作。

鼎在远古的时候，是中国先民使用的一种炊具，后来又发展成为一种礼器。中国成语中有“钟鸣鼎食”和“一言九鼎”之说，反映了鼎在中国古代社会生活中的独特地位。鼎作为一种重要的礼器，象征着团结、统一和权威，是代表和平、发展、昌盛的吉祥物。这座世纪宝鼎，集中国古代青铜器艺术之大成，熔古代技艺与现代科技于一炉。它的整体结构、艺术造型和纹饰配制，显示了中华民族的悠久历史和灿烂文化。

2. 学生阅读思考后交流。

（1）鼎作为一种重要的礼器，象征着团结、统一和权威，是代表和平、发展、昌盛的吉祥物。

（2）鼎的大小尺寸有内涵：鼎座高0.5米，象征联合国成立50周年；鼎身高2.1米，象征即将来临的21世纪。

（3）鼎彰显了中华民族的文化，底座上饰56条龙，象征华夏的56个民族都是龙的传人。鼎的整体结构、艺术造型和纹饰配制，显示了中华民族的悠久历史和灿烂文化。

四、布置作业

“一言九鼎”的故事还与“毛遂自荐”故事中的毛遂有关。请自主阅读下面这个故事，讲给父母听一听，并猜一猜“毛先生一至楚，而使赵重于九鼎大吕”这句话的意思。

毛遂，战国时期赵国人，今河北省邯郸市人。毛遂原本是平原君赵胜的门客，可是跟了平原君三年多都没有得到施展才华的机会。公元前257年，他自荐出使楚国，促成楚、赵合纵，声威大震，并获得了“三寸之舌，强于百万之师”的美誉。

战国时期，秦国军队围困了赵国都城邯郸，赵国君主派平原君向楚国求援。平原君带着包括毛遂在内的二十名门客前往楚国。

平原君到了楚国后，立即与楚王商议“援赵”之事，但谈了半天都毫无结果。这时，毛遂对楚王说：“我们今天前来请您派援兵，您却一言不发。您不要忘了，楚国虽然兵多地大，却连连吃败仗，差点儿连国家都丢掉了。依我看，楚国比赵国更需要联合起来抗秦呀！”毛遂的一席话让楚王心服口服，立即答应出兵援赵。

平原君回到赵国后感慨地说：“毛先生一至楚，而使赵重于九鼎大吕。”

（本课设计者：谢雅芳）

第七节　成语文化主题阅读课型

成语文化主题阅读课是指在成语文化的背景之下，确定一个主题后，选取多篇文本材料进行教学的阅读课。该类阅读课旨在引导学生扎实开展课外阅读，让学生全方位、立体式地感悟、理解文本传递出来的情感态度和价值观。传统的小学语文课堂一直存在着“少、慢、废、差”的痼疾，严重阻碍了学生在语文课上获得应有的语文滋养。成语文化视野下的主题阅读对学生积淀传统文化、树立正确的价值观、习得阅读策略、提升语言表达能力等方面都有积极的作用，既对现有教材做了有益的补充，也对小学语文教学进行了有效的延伸。

一、成语文化主题阅读课型对学生成长的独特价值

其一，成语文化主题阅读关注了学生的阅读兴趣，激发了学生的阅读动机。阅读材料的变革，让教师不仅重视语言材料的高质量，还要保证学生能够阅读到多元的材料。这些材料具有一定的挑战性，能激发学生学习的积极性，从而引起认知冲突，提升他们的语文素养。

其二，成语文化主题阅读有助于增加学生的阅读量，开阔学生的视野。

现行小学语文教材为12册，每册约30篇课文，每篇课文按500字计算，学生一年能在课上读到的也就3万字左右，这是远远不够的。而成语文化主题阅读能很好地弥补课堂学习的不足。

其三，成语文化主题阅读让学生学会在海量的阅读中分析、解决问题。在真实的阅读生活中，教会他们运用视觉化、联结、统整、预测、结构图、文学要素、对照表等策略来解决现实问题，从而提升阅读能力。

二、成语文化主题阅读课型的序列化教学目标和教学内容

成语文化主题阅读课型主要针对成语文化的阅读与积累教学展开研究，要求教师在成语文化教学中激发学生对成语的热爱，指导学生积淀成语文化，以提高学生欣赏成语文化的水平为总目标，围绕具体的课程目标，选择适切的教学内容，采用适当的教学方法，精心设计并提炼基本的教学结构。

年段	年段目标	教学内容
低年段	在正确认读成语的基础上，养成爱背成语的习惯。正确、流利地诵读成语儿歌。在教师的指导下配合图画、节拍等形式强化诵读的方法，初步说说自己诵读诗歌的感受，体会阅读成语儿歌及相关诗词的情趣。	以经典的成语神话故事、寓言故事、儿歌为主。如开天辟地、夸父追日、炼石补天、牛郎织女、八仙过海、水漫金山、守株待兔、掩耳盗铃、揠苗助长、画蛇添足等。还有教材中以“四季”为主题的成语儿歌。
中年段	能联系上下文，理解成语的意思，体会课文中某些成语表情达意的作用。能借助字典、成语词典和生活积累，理解成语的意义。通过学习、积累课文中的成语和精彩句段，丰富课外生活的语言材料，从而体会文章表达的思想感情。	以与历史、艺术、科学技术相关的成语为主。这些成语类别众多，内容丰富，极具中华传统文化特色。如雪胎梅骨、蕙质兰心、竹报平安、人淡如菊、一鼓作气、破釜沉舟、退避三舍 、四面楚歌 、一元复始、阳春三月、四时八节、数九隆冬等。

（续表）

年段	年段目标	教学内容
高年段	通过学习成语，在教师的引导下阅读相关的经典名著，学习与之相关的小古文。在阅读整本书的过程中掌握略读、默读等读书方法。以成语为核心，扩大阅读面，能在阅读大量材料的基础上简单描述自己印象最深的情节、人物，说出自己的独特感受。	以经典名著中的成语为主，辅以相关的小古文故事。如桃园结义、望梅止渴、舌战群儒、身在曹营心在汉、沙场点兵、怒发冲冠、乍暖还寒、玉宇琼楼、瞒天过海、围魏救赵、金蝉脱壳、釜底抽薪等。

三、成语文化主题阅读课型的一般教学流程

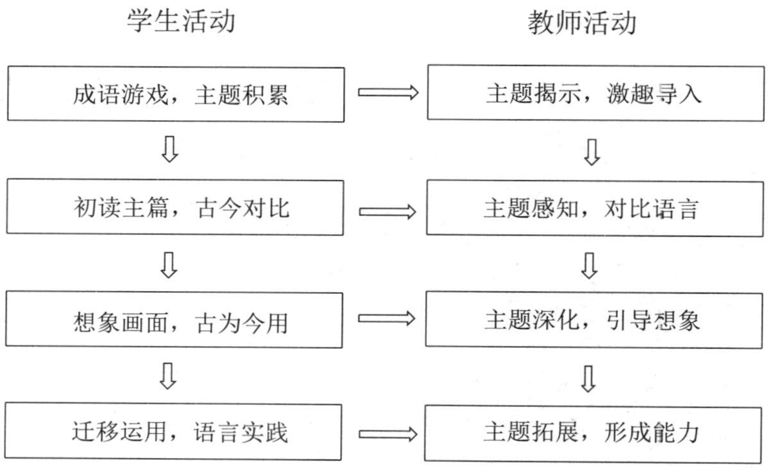

1. 成语游戏，主题积累

首先，通过课前常规式的经典成语游戏，让学生在轻松自在的氛围中学习、积累成语。当然，这些成语的组合不是杂乱无章的，而是根据主题有计划、有侧重地选择的。

2. 初读主篇，古今对比

开辟多种学习成语的途径，如通过教师范读、同伴互助、看图想象、视频欣赏等方法帮助学生理解成语故事的内容，体会其语言特色、人物形象、深刻道理。

3. 想象画面，古为今用

抓住主篇的某一语言特色与副篇进行对比，在对比过程中强化两篇文章的共性价值，弱化两篇文章的个性价值。在此基础上设计相关的语言实践活动，让学生能正确使用成语。

4. 迁移运用，语言实践

学习完主篇和副篇后，可以选取一篇与主题相关且能彰显成语文化特色的课文，以此作为补充阅读，强化成语的有效运用。

四、成语文化主题阅读课型的实施建议

第一，先期精心选材，合理编排内容。成语文化主题阅读课的选材十分重要，教师需要在课前查阅许多资料，围绕某个主题精心设计相应的活动。材料的篇数不宜超过 3 篇，如果阅读量在一节课的时间内超过学生的能力范围，那么课堂效果将大打折扣，也违背了开展成语文化主题阅读课的初衷。此外，成语文化主题阅读课的内容不能局限于几篇课文，与之相关的语言材料（包括视频、音频、文本等）都可以纳入教学内容中。

第二，聚焦核心目标，切记贪多求全。成语文化主题阅读课的特点之一就是容量大，教师在一节课的时间内如果贪求面面俱到，就会出现什么都得不到的局面。该类课型的教学目标一定要聚焦在核心目标上。

第三，尝试数字化学习，转移课堂阵地。成语文化主题阅读课的实施地点以传统的教室为主，但是主题阅读教学的容量大，有很多知识需要学生亲自体验、实时交流，因此可以将课堂搬到数字化阅览室或图书馆，让学生在教师的指导下利用互联网完成相应的学习任务。课堂空间的变革促进了教师教学行为的变革，使学生学习的主动性、积极性得以充分彰显。

第四，开拓文本资源，确立文化主题。教师可以从现有的各版本教材及统编教材中寻找和挖掘成语文化阅读课的主题。这些主题往往可高度凝练成一个“核心词”，这个“核心词”不同于思想主题、知识主题，它的范围更广，触角更多，既能串联一堂课中同一类课文的教学目标、教学内容、

教师活动及学生活动，又能并联多条线索，勾连不同文体、不同结构、不同文化背景、不同价值取向的语言材料，最后统整到这个主题之下。成语文化主题阅读的主题应聚焦在成语文化与中国传统文化相关联的交集区域内。成语文化本身就是中华文化的重要组成部分，无论是从语言学的角度还是从人格养成的角度看，教师都能找到成语文化与学生生命成长的契合点，而这个契合点就是成语文化主题阅读的主题。主题可以是单一的、具体的，也可以是多元的、抽象的，只要能遵循学生的身心发展规律，就可以大胆地兼收并蓄、吐故纳新。

五、课例与评析

主题为“龙”的成语教学设计

【教学目标】

1. 积累与龙有关的成语，理解“叶公好龙”等成语的意思。

2. 初步感知小古文的特点，能在具体的情境中理解词义。

3. 通过具体的语言材料体会成语在场面描写中的作用。

【教学过程】

课前游戏：成语接龙

一、观察“龙”字，主题积累

1. 学生观察甲骨文、金文、篆文、隶书、楷书中“龙”字的不同写法。

2. 学生说说自己所知道的与龙有关的知识。

3. 学生交流所知道的有关龙的成语。

4. 教师出示表格，学生填写。

（1）小组合作完成表格，组内所填词语不能重复。

（2）教师在巡视时择机选择部分学生交流个别成语的意思，并观察学生的书写是否美观。

5. 选一组学生中的一个代表板书，其他组有不同词语可以补充。

6. 指出学生熟悉的两个成语——画龙点睛、叶公好龙。

二、初读主篇，古今对比

1. 教师出示《画龙点睛》的现代文。其实这篇文章是经过后人改编而成的寓言故事。

2. 教师出示《画龙点睛》的小古文及其出处。

张僧繇于金陵安乐寺，画四龙于壁，不点睛。每曰："点之即飞去。"人以为诞，因点其一。须臾，雷电破壁，一龙乘云上天。不点睛者皆在。

——（唐）张彦远《历代名画记·张僧繇》

（1）学生自读小古文。

（2）读完小古文，学生谈谈两篇文章最大的区别是什么。

评析：许多成语都出自我国古代文献，因此学习成语一定要追溯源头。这一环节就是为了让学生能了解查阅资料的路径，为终身学习打下基础。

三、想象画面，古为今用

1. 教师出示《叶公好龙》的小古文及其出处。

叶公好龙

叶公子高好龙，钩以写龙，凿以写龙，屋室雕文以写龙。于是天龙闻而下之，窥头于牖，施尾于堂。叶公见之，弃而还走，失其魂魄，五色无主。是叶公非好龙也，好夫似龙而非龙者也。

——（西汉）刘向《新序·杂事》

2. 学生找出叶公喜欢龙的句子，读句子，说大意。

教师提问：

（1）叶公的家里还有哪些地方会有龙的图案？你会用古文描述吗？

（2）叶公这么喜欢龙，连天上的龙都知道了，所以龙赶紧下凡去见见自己的"粉丝"，这次见面可好玩了，发生了什么事？

（3）从此以后，人们经常用"叶公好龙"来形容什么样的人？

四、借鉴范文，揣摩表达

1. 我们中华民族对龙的情感是深入血脉里的，对龙怀有一种与生俱来的敬仰，至今在许多地方都保留了与龙有关的习俗。

教师出示图片，学生说出相应习俗的名称。

2. 四川乐山的龙舟会十分热闹，我们一起来看看。

教师出示《乐山龙舟会》一文，学生快速自读。

要求：

（1）读一读自己喜欢的段落。

（2）画一画段落中的成语或四字词语。

（3）小组合作，议一议这些成语或四字词语对场面描写的作用。

乐山龙舟会

乐山地理环境优美，山光水色独特，宽阔的江面，“绿杨夹岸水平铺”，是举行龙舟竞渡得天独厚的地方。

乐山龙舟会融文化、艺术、经济、旅游、体育于一体，规模宏大，极具地方特色。每年农历五月初五，数十万乐山人民欢庆端午佳节，观赏龙舟风采。

江岸上彩楼林立，彩灯高悬，旌旗飘摇，呈现出一派喜气洋洋的节日场面。千姿百态的各式彩龙在江面游弋，舒展着优美的身姿，有的摇头摆尾，神采奕奕；有的喷火吐水，威风八面。

信号弹划过天空，龙舟夺标开始了。各种造型的“蛟龙”如箭离弦，顺流而下，欲争群龙之首。此时，乐声响彻江面，皮鼓咚咚，铜锣当当，号子高亢。每只龙舟上，身着一色服装的十四名健儿分列两舷。健儿们激浪高歌，狠劲猛划，奋力冲刺；两岸山呼海啸，滚起阵阵“加油”声浪。真是“千顷水面琉璃滑，百艘龙舟竞争先”。

传统的抢鸭子竞赛是龙舟会上精彩纷呈的项目之一，也是白天活动的高潮。一只只鸭子被抛向空中，“嘎嘎”叫着扑腾向水面。龙舟上敲着急促的锣鼓，划桨者奋力击水，围追堵截，鸭子扑打着翅膀纷纷逃避。只见抢鸭子勇士跪蹲船头，双眼凝视着猎物，一旦接近目标，便眼疾手快地跃入水中。眼看鸭子在劫难逃，不料它们狡黠异常，竟然一下子潜水遁去，消逝得无影无踪。然后，鼓锣暂停，船上、岸边的人们聚精会神地扫视着水面，鸭子一露面，立刻喊声乍起，各船迅速拨转船头重新“围剿”，水面立时锣鼓喧天。就在小伙子跃入水中的一刹那，鸭子再度潜入水中逃出重围。观众中响起一片掌声，为抢鸭者鼓劲加油。那些抢到鸭子的勇士，激情满怀地把捕获物高高举起，赢来了船上和岸上的阵阵欢呼声和热烈的掌声。

晚上的放漂灯活动是压轴节目。夜幕降临，乐山上空礼炮隆隆，彩灯光芒四溢。河面各只彩船上，无数五颜六色的霓虹灯、日光灯齐放光华，闪烁迷离，和水中倒影连成一片。漂灯点缀河面，似万点繁星坠落人间。在奇光异彩交相辉映中，众多的龙舟如银河流星，顺河而下，千姿百态，令人叫绝。在探照灯的扫射下，河面激起变幻莫测的五彩霞光。一时间，呈现出一派光的天地、色的世界。

师:（总结）几千年来，龙一直是中华名族的精神图腾，象征着海纳百川、包容万物的宏大气魄，激励着一代又一代的华夏子孙在中华大地上谱写新的传奇。

（本课设计者：王维益）

关于“学习”的成语故事教学设计

【教学目标】

1. 掌握阅读成语故事的方法，了解主要人物，根据成语的字面意思抓住故事的主要线索。

2. 在掌握阅读方法后提高阅读的速度。

3. 扩大对同类型成语的积累。

4. 激发阅读成语故事的兴趣。

【教学过程】

一、故事导入，从题读事

师：我知道同学们最喜欢听故事了，你听过哪些有意思的故事呢？

（学生交流自己喜欢的故事。）

师：老师小时候也特别喜欢听故事，特别是成语故事，因为它短小精悍，听起来容易理解，又给人以启发。今天我想给大家讲一个我印象最深的故事。（出示图片）看看图，猜猜这幅图讲了一个什么故事。

（学生发挥想象说故事。）

评析：良好的开端是成功的一半，以看图猜故事的形式引入课题，能激发学生的求知欲，让学生充满兴趣地学习。

师：这个故事流传至今，浓缩成了四个字——手不释卷。听了这个故事后，你知道成语“手不释卷”的意思了吗？

生：手不肯离开书本。

师：古人用四个字就概括了故事的经过，真是厉害！看来我们在阅读成语故事的时候可以先从题目来了解。（板书：题）老师选了一组关于学习的成语，我们根据题目猜一猜古人如何学习的。

（课件出示：闻鸡起舞、不耻下问、废寝忘食、囊萤映雪。）

评析：这一环节的目的在于激发学生对成语故事的兴趣，通过交流，拉近了学生与成语故事的距离，为接下来进行有效的阅读做好了必要的铺垫。

师：从题了解事。（板书：事）要讲好一个故事，只知道经过不行，还得知道主人公是谁，故事的结局如何。（板书：人、果）谁来说说《手不释卷》这个成语故事的主人公是谁，结局如何。

生：主人公是吕蒙，最后他成了吴国的大将军。

师：成语故事是中国文化中很有特色的一部分，许多成语都是从古代流传至今，一个成语代表了一个故事或一个典故，而它真正的魅力在于对人们的启发。（板书：启）当你领悟到这其中的精妙时，才算真正读懂了成语故事。听了吕蒙手不释卷的故事，你受到了什么启示呢？

（学生回答。）

评析：在生生互动、师生互动的合作交流中，充分发挥学生的主体作用，而教师则做个好“舵手”，围绕目标指导学生开展有效学习，让学生真正在语文实践中提高语文能力。

二、授之以渔，活学活用

师：从古人身上，我们能看到他们对学习的痴迷和坚持。接下来我们一起来读《凿壁偷光》这个成语故事，从题目中能看出它讲的是什么吗？

（学生猜想。）

师：故事是不是这样呢？自由朗读一遍，请到故事中寻求答案，并了解主人公是谁，结局如何。

（教师带领学生理顺故事脉络并用课件出示。）

师：掌握了方法，我们再来读《囊萤映雪》，这个故事讲述了两件有关读书的事情。开始阅读之前，请看这张“阅读星级卡”，它将帮助你更好地完成阅读。请你边阅读边填写，每填写好一格，你将获得相应的星级，看看你能得到几颗星。

（学生默读故事并填写表格。）

囊萤映雪			
★人	★事	★果	★★启

师：阅读时间到，数一数你得到了几颗星。

（学生汇报。）

师：能在有限的时间里获取更多的信息，说明你们的阅读是有质量的。阅读不仅能开阔眼界，还能让你在与人分享中得到收获。同学们根据自己的“阅读星级卡”与组内同学交流。轮到发言的同学可以站起来，让大家能关注你的表达。

（小组汇报，颁发“阅读之星”奖章。）

评析：在本环节中，教师把学习的主动权还给学生，抓住重点，突出要点，把握难点，教会学生略读、浏览、跳读等阅读方法，并重视提升学生的表达能力。

三、课堂总结

师：关于“学习”的成语故事其实还有很多，你了解的有哪些？（学生交流）课后大家可以读一读《东施效颦》《韦编三绝》《圆木警枕》。如果你觉得读这几个故事还不过瘾的话，老师推荐你看一看《成语故事》这本书。成语故事短小精练，从题入手，大有乾坤。

（本课设计者：张华琴）

与“秋”有关的成语教学设计

【教学目标】

1. 积累与“秋”有关的成语。

2. 能用自己的语言解释成语的意思。

3. 能在具体情境中运用成语。

【教学过程】

一、猜猜字谜，揭示主题

教师说谜面：左边绿，右边红，左右相遇起凉风。绿的喜欢及时雨，红的最怕水来攻。学生猜字谜。揭示谜底：秋。

导入新课：今天，我们要学习与“秋”有关的成语。

评析：猜谜语是小学生喜欢的智力游戏，以此导入新课，能够激发学生学习成语的兴趣。

二、积累成语，感受秋意

1. 借助拼音，自读成语：金风送爽、雁过留声、秋色宜人、天朗气清。

2. 指名读。

3. 开火车读。

4. 看看图，读读成语，理解成语的意思。

5. 再读成语，一边读一边想象画面，在理解意思的基础上进行积累。

6. 背诵成语。

评析：这一组四个成语体现了秋的特点，可以引导学生通过图片和联系生活理解成语的意思。用耳朵“听”雁过留声，用眼睛“看”秋色宜人，用身体“感受”金风送爽、天朗气清。在反复朗读和充分交流的基础上，学生感受到了秋天的美丽，积累了有关秋天的成语。

三、拓展成语，运用成语

1. 读儿歌《秋天到》。

秋天到

秋天到，秋天到，　秋天到，秋天到，
秋天庄稼长得好。　秋天果子长得好。

棉花朵朵白，　　枝头结柿子，
大豆粒粒饱。　　架上挂葡萄。
高粱乐红了脸，　黄澄澄的是梨，
稻子笑弯了腰。　红彤彤的是枣。

2. 读了这首儿歌，你想到了哪些成语？

3. 运用所学的与秋天有关的成语，试着自己写一段话。

评析：积累成语与运用成语是成语学习的两大任务，既有从外到内的输入，又有从内到外的输出。《秋天到》写出了秋天硕果累累的丰收景象，采用儿歌的形式进行表达，运用了叠词和拟人的修辞手法，读起来朗朗上口。在此基础上，让学生尝试运用本节课学到的与秋天有关的成语写话，达到了学以致用的目的。

（本课设计者：严伟华）

第六章

成语文化课程的资源建设

课程资源是课程设计、编制、实施与评价等整个课程发展过程中可利用的一切人力、物力以及自然资源的总和。本章将从环境资源、平台资源和共同体资源三个维度谈一谈成语文化课程开发过程中的资源建设和利用。

第一节　指向课程的学校环境建设

环境能影响人，也能改造人。学校环境建设对人的发展起着潜移默化的作用。作为成语文化研究的特色学校，更应该在环境建设上营造出浓厚的氛围，让成语元素渗透到校园的方方面面，让成语文化弥散在校园的各个角落。百草园小学的环境建设从建校的那天起，就是围绕成语文化来开展的。

学校环境建设秉持着“巧妙”“适宜”的原则，充分挖掘空间资源，依据建筑格局，建设成语文化浸润的校园环境，让每一处景彰显文化特色，于无声处育人。

一、场——镌刻百余成语，育人于无声处

学校地处市政府核心圈，北临龙锦路，对面是百草苑小区，南靠龙城大道高架，东邻北塘河，沿河两侧均为居民集聚区，西侧是常州奥林匹克体育中心。

学校依据校门广场、路径布局特点，建设了集中与分散相结合的成语文化景观。学校校门入口广场开阔，地面由方形花岗岩砖块铺成，是全体师生的必经之路，巧妙地加以利用，也能成为润物无声的育人资源——成语文化广场。

成语文化广场分四个区域呈现130个成语。四个区域分别汇聚了《论语》《孟子》及唐诗、宋词中的经典成语，其中选自唐诗的成语有50个，选自宋词和《论语》的成语各有30个，选自《孟子》的成语有20个。

从出自《论语》的三四百个成语中，筛选出体现孔子的伦理思想、道德观念的典型成语，折射出孔子的思想体系中立身于世的“君子”人格。“三

思而行”“成人之美”“择善而从”“见贤思齐”“言而有信”等耳熟能详的成语，对师生的道德养成，以及对构建和谐友爱的人际关系和校园环境有着深远的意义。

孟子是春秋战国时期的辩论高手，他常常用生动的故事阐述自己的观点。《孟子》中的成语也非常多，如“心悦诚服”“浩然正气”“春风化雨”“出类拔萃”“威武不屈”“与人为善”“流连忘返”“恻隐之心”等，体现了孟子推崇“仁、义、礼、智”的主张，对学生人生观、价值观的初步形成起到了潜移默化的作用。

唐诗、宋词是汉语言文化的经典，“寸草春晖”“满园春色”“平分秋色”“天涯比邻”“万紫千红”“无穷无尽”……当我们读着这些成语时，“谁言寸草心，报得三春晖”“春色满园关不住，一枝红杏出墙来”“平分秋色一轮满，长伴云衢千里明”“海内存知己，天涯若比邻”“等闲识得东风面，万紫千红总是春”“无穷无尽是离愁，天涯地角寻思遍”这样的诗句就会情不自禁地涌现于脑海，引出对诗词的探究了解、吟诵顿悟。这些成语不但丰富了学生的语言，启迪了学生的智慧，更为学生综合素养的提升打下了根基。

在广场延伸出的道路两侧，错落地摆放着成语文化石和成语坐凳。在成语的选择上，关注了浅显易懂和对学生做人、养德有启迪的内容。这样，校园环境立体凸显了成语元素，让学生在上下学路上及校园活动及课后游戏中，能通过耳闻目睹受到成语文化的浸润。

二、楼——命名意蕴深长，彰显成语文化

楼作为校园内的主体建筑，也是彰显学校办学文化的重要场所。楼名既要言简意赅、意味深长，又要凝聚文化、彰显特色。校园内的五幢楼分别是“百卉楼”“含英楼”“芝兰楼”“玉树楼”“化雨楼”。楼名的灵感来自成语“百卉含英”“芝兰玉树”“春风化雨”。

“百卉含英”的“卉”是草的总称，“英”指花。“百卉含英”就是指各种各样的草都含着花朵，形容冬去春回、花草争妍的景色，也用以比喻太平盛世多有才识的人纷纷显露才华、大显身手。“芝兰玉树”原比喻高尚子

弟，后亦用作对优秀子弟的美称。“百卉含英”“芝兰玉树”既表明了学校培养优秀学生的愿景，也与校名“百草园”的寓意吻合。“春风化雨”指适宜植物生长的风雨。比喻良好的熏陶和教育，也用来称颂师长的教诲，与“百卉含英”“芝兰玉树”相呼应，教师应该是提供学生成长需求的春风雨露。

这些楼名既凸显了学校成语文化研究对学校环境建设的感染，也寓意着学校是充满了阳光雨露，为如花草般的孩子们茁壮成长提供滋养的花园、乐园、学园和家园。

三、廊——凸显楼层特色，蕴含成语文化

设计独特、富有创意的走廊对校园文化特色的形成有着很大的促进作用。尤其是专用教室相对集中的走廊更可以成为学科延展性学习的场所，凸显楼层的学科特色。设计走廊时将走廊与两边的专用教室进行整体设想，打造内外一体的环境文化。学校的“玉树楼”是一幢综合楼，四层楼面分别安排了科学、美术、成语、音乐专用教室。本着整体打造的构想，四层走廊分别凸显各楼层的学科特色。同时，在走廊名称的确定上与楼名的命名思路一脉相承。命名走廊要兼顾学科和成语文化，在两者之间找到契合点，故而“奇趣横生科技长廊”“匀红点翠美术长廊”“别有洞天成语长廊”“品竹弹丝音乐长廊”四个廊名应运而生。

1. 奇趣横生科技长廊

“奇趣横生科技长廊”两侧安排的是科学实验室。长廊整体设计的意图是拓展课堂知识，丰富科学文化生活，让学生亲自动手操作，体验科学的奇妙之处，旨在将科技长廊建设成开阔学生视野、激发学生创新的活动乐园。区域整体呈现深邃的蓝色，遵循“体验”“发现”“创造”的理念进行立体布置，顶部以立体星座营造出神秘的夜空。两侧墙面内容丰富，融体验、交互、宣传于一体，既有对在人类科技发展进程中做出卓越贡献的著名科学家的事迹介绍，也有对前沿科技的概述；既利用走廊空间陈列展示人体构造、矿物岩石、动植物标本等，也有司南、飞机、航天器等模型。此外，“光学转盘”“时光隧道”“虚拟现实”“尖端放电”等壁挂式科技馆更增强了科技走廊的互动体验性。通过这样立体的设计，整个走廊营造出有利于学生

开展科学探索活动的环境，引导学生步入探索与发现科学之旅，充分体验科学所带来的乐趣，在玩耍中培养热爱科学、乐于探索的思维品质。

2. 匀红点翠美术长廊

“匀红点翠美术长廊”连接着几间美术教室，以成语“匀红点翠”命名与美术学科意蕴契合。长廊布置以古今中外知名画家的简介及作品欣赏为主，旨在为学生提供一个了解古今中外知名画家的场所，借助欣赏知名画家的经典作品，在潜移默化中培养学生的鉴赏能力，提升学生的审美素养。走廊中还专门开辟了作品展示区域，将学生的优秀美术作品陈列出来，内容围绕学生快乐的童年生活，画作表现方法多样化，形成了强烈的视觉冲击力。通过定期更换，激发学生学习美术的积极性，让更多的学生有展示作品的机会，增强学生的自信心，提高学生的美术素养。

3. 别有洞天成语长廊

“别有洞天成语长廊”与成语教室、成语儿童研究院连为一体，作为学校成语文化特色项目的活动区域，是学校成语文化浓墨重彩的地方。利用长廊墙面分主题介绍成语的来由与意蕴，分为“成语与军事”“成语与生活”“成语与艺术”“成语与文学”“成语与自然”“成语与礼俗”“成语与科学”七个板块。通过多方面的主题成语介绍，让学生在广泛了解成语的同时，深刻感受到成语根植于生活，与生活关系密切，可谓“生活处处皆成语”。七大板块各有侧重，具体如下。

（1）“成语与军事”主题，主要介绍与军事相关的一系列成语及其相关的知识或故事，分五大区域：

旗、鼓——旗开得胜、一鼓作气、击鼓鸣金、偃旗息鼓；

戈、戟——枕戈待旦、大动干戈、反戈一击、折戟沉沙；

弓、弩——剑拔弩张、左右开弓、盘马弯弓、强弓劲弩；

烽火——烽火连天、烽火相连、狼烟四起、烽火四起；

阵、马——严阵以待、冲锋陷阵、金戈铁马、秣马厉兵。

（2）“成语与生活”主题，从衣、食、住、行、乐五个方面介绍与生活相关的成语。如：

衣——衣冠楚楚；

食——脍炙人口；

住——窗明几净；

行——安步当车；

乐——其乐无穷。

（3）“成语与艺术”主题，主要介绍与声乐、器乐、舞蹈、戏曲、绘画、书法相关的成语。如：

声乐——高山流水、声情并茂、响遏行云、余音绕梁；

器乐——急管繁弦、紧锣密鼓、品竹弹丝、钟鼓之乐；

舞蹈——轻歌曼舞、手舞足蹈、舞榭歌台、载歌载舞；

戏曲——粉墨登场、字正腔圆、丝丝入扣、拳不离手　曲不离口；

绘画——妙手丹青、浓墨重彩、轻描淡写、诗情画意；

书法——力透纸背、入木三分、颜筋柳骨、一波三折。

（4）“成语与文学”主题，主要介绍创作、鉴赏、作家、作品、轶闻等与成语相关的知识和故事。如：

创作——春秋笔法、烘云托月、思如泉涌、胸有成竹；

鉴赏——文如其人、行云流水、寻章摘句、一字千金；

作家——八斗之才、江郎才尽、洛阳纸贵、泰山北斗；

作品——沧海一粟、柳暗花明、山雨欲来风满楼、心有灵犀一点通；

轶闻——斗酒百篇、望文生义、小时了了、一字之师。

（5）“成语与自然”主题，汇聚了与松竹梅、花、树相关的成语。如：

松竹梅——岁寒三友、势如破竹、雨后春笋、暗香疏影；

花——春兰秋菊、国色天香、兰心蕙性、出水芙蓉、并蒂芙蓉、出淤泥而不染、藕断丝连；

树——桂子飘香、桃红柳绿、世外桃源、指桑骂槐。

（6）“成语与礼俗”主题，拓展了关于礼节、民俗、十二生肖的成语。如：

礼节——彬彬有礼、知书达礼、礼尚往来、宾至如归、八拜之交、打躬作揖；

民俗——断发文身、步步莲花、桃弧棘矢；

十二生肖——鼠目寸光、牛角挂书、生龙活虎、兔死狐悲、龙腾虎跃、笔走龙蛇、龙马精神、爱礼存羊、猿猴取月、闻鸡起舞、白云苍狗、杀猪教子。

（7）“成语与科学”主题，着力关注天文、历法、冶炼、度量衡、气象等方面的成语来源。如：

天文——斗转星移、急如星火、气冲斗牛、寥若晨星；

历法——四时八节、日长一线、日上三竿、月满则亏；

冶炼——炉火纯青、百炼成钢、千锤百炼；

度量衡——尺短寸长、跬步千里、权衡轻重、半斤八两；

气象——风云不测、雷霆万钧、危若朝露、雪上加霜。

4. 品竹弹丝音乐长廊

“品竹弹丝音乐长廊”设置在音乐教室和舞蹈教室之间。这里展示了学校艺术教育的成果，为校园艺术小明星们提供了亮相的场所。只要是在音乐、舞蹈方面学有所长的学生，就有机会成为“风采人物”。同时，将铃鼓、陶笛、沙锤、尤克里里等乐器的实物陈列于走廊中，配以对乐器的具体介绍，学生不但能对这些乐器有所了解，更能将这些触手可及的乐器拿在手里，小试身手。走在音乐长廊中，或轻抚拨弄，或重音成曲，皆是充满趣味的。

四、室——建设专用教室，亮化成语文化

学校着力建设成语教室、成语儿童研究院和成语故事馆。根据成语文化课程的需要，建设功能多样的专用教室与学生活动平台，完善课程所需的设施、设备，开展丰富多彩的社团活动与研究性学习，促使学生在体验中学习，在学习中体悟，发展个性与特长，提高人文素养与探究能力。

1. 成语教室

成语教室是用于专门进行成语文化学习的园地。室内矗立成语文化墙，墙面以先贤孔子形象为背景，选择近30个成语，以不同字体排列展示，形成一幅展开的成语卷轴。卷轴中有凸显学校精神、“三风”（校风、教风、学风）等特质的成语，如“志存高远”“见贤思齐”“孜孜不倦”“百折不挠”“高

情远致”“抱素怀朴”“春风化雨”“诲人不倦”。教室后墙面为学生成语作品展示墙，整体造型类似一株“春芽”，隐喻着百草园小学的每一位学生在成语文化的滋养下,都如同春芽般生机勃勃地成长。作品展示墙取名为“睿博园”，号召学生“传承经典，乐享成语文化学习的妙趣”，这里主要用于展示学生开展成语文化研究学习的成果或作品。同时，借助墙角一隅和室内的陈列框，以图文的形式展示学校成语文化研究重要的节点活动和成语文化研究的显性成果、文献资料。教室内摆放了九张六边形的桌子，用于学生上课学习。九张桌子可集中可分散，呈现集体围坐和小组分散学习两种学习样态。

2. 成语儿童研究院

成语儿童研究院较之成语教室，在功能上更强调整合性，发挥学生的自主性。学校旨在通过成语儿童研究院组织机构的建设、物态环境的打造，为学生提供一个自主研究成语文化的活动场所，在展示学生探究性学习成果的同时，为一批热爱成语文化的学生提供更广阔的实践平台。同时，发挥成语儿童研究院的引领和辐射作用，组织学生开展丰富的成语活动。成语儿童研究院组织机构设立如下图：

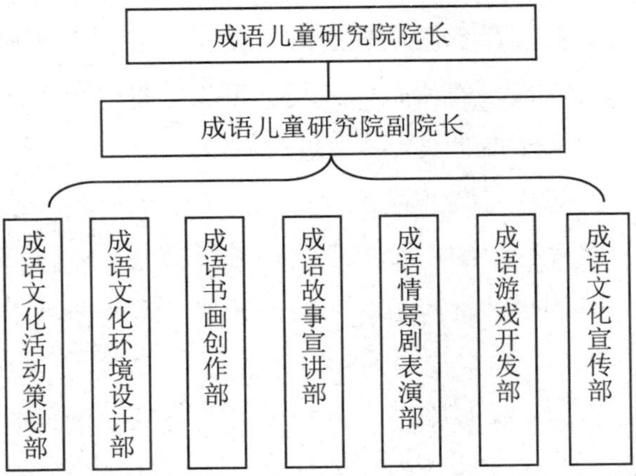

成语儿童研究院院长由校长担任，选拔有担当、有能力的学生一名与分管教学的副校长担任副院长，具体负责研究院的日常工作。成语儿童研究院下设七个部门：成语文化活动策划部、成语文化环境设计部、成语书

画创作部、成语故事宣讲部、成语情景剧表演部、成语游戏开发部、成语文化宣传部。每个部门由学生领衔负责，招聘若干名工作人员，组成团队，聘请教师进行辅导。

成语文化活动策划部主要负责每学期成语文化活动的总体规划，传承学校固有的节点活动，每学年策划一次全校性的活动，规划各年级一项特色成语活动。期初，向学校提出规划，制订活动方案，期中协助开展活动。

成语文化环境设计部主要参与学校校园文化的建设。一方面，从儿童的视角对校园内需要进行成语文化环境建设的区域提出建设性意见；另一方面，自觉关注校园环境的状况，发掘需要利用的角角落落，提出建设设想。

成语书画创作部负责对成语文化活动需要使用的画面资料、成语文化环境布置中的作品、成语教材学材中的相关画面进行创作。同时，在各项书画作品比赛中，考虑将成语文化与比赛作品进行整合，创新内容。

成语故事宣讲部首先要分类收集适合学生的成语故事，对故事的内容进行比较、筛选，进而进行自主改编，保留故事的主体内容，在语言上修改得尽量符合小学生的认知特点。其次，组织擅长讲故事的学生对故事进行惟妙惟肖的讲述。

成语情景剧表演部负责创作成语故事剧本，将故事情节考虑细致，丰富情节内容和人物语言，创新制作服装、道具，将一个个成语故事演绎成生动的情景剧，在学校的成语活动中进行展示。

成语游戏开发部从开阔的视角进行成语游戏的开发，既可结合成语文化元素对传统游戏进行改编，又可发明创新性游戏。立体开发游戏环境和游戏方式，如地面游戏、桌面游戏、墙面游戏、电子游戏等，并且对开发的游戏进行宣传推广，在实践中不断完善游戏。

成语文化宣传部要聚焦学校、班级的成语文化活动。活动前了解活动方案，在全校进行宣传；活动中捕捉活动花絮；活动后进行报道，并在学校公众号上进行宣传。

成语儿童研究院整体上的基调呈现古朴的书院气息。以正方形原木色的木材，由地面向上拼搭出凹凸错落的造型，正面以不同的字体篆刻出数条成语，打造出院内别致的小景，划分出研究院办公区域，室内的装饰力求新颖别致，突出成语文化的特征，既典雅简洁，又能让人耳目一新，符合小学生的心理特点与审美特点。

3. 成语故事馆

以成语故事为内容打造成语主题馆，符合小学生具体形象的思维特征，也是小学生喜闻乐见的。成语故事能以小见大，折射出历史、人文的许多文化。有人说，一本成语词典，就是一个中华传统文化的宝库。成语故事馆的打造，就是要展示出中华历史人文的精髓。

成语故事馆分为陈列前言、成语中的神话故事、成语中的传说故事、成语中的寓言故事、成语中的诗歌故事、成语中的历史故事（事件篇）、成语中的历史故事（人物篇）、成语中的小说故事和结语。每一类主题展示的内容分五个板块：标题、典型成语故事、一组故事图片、同主题成语展列、探索思考问题。这五个板块的设计，旨在从成语的产生根源将相关成语进行汇总展示，引发学生对成语文化的学习研究。

五、园——打造乐学家园，浸润成语文化

“百草园”就是悦纳所有生命个体，慷慨给予生命勃发、成长营养的地方。学校追求的教育理想是让学校从“三味书屋”的形象转变成“百草园”那般自由、丰富、充满趣味的地方。基于以上思考，学校聚焦园文化，着力将学校打造成生态环境优美的花园、活动丰富多彩的乐园、学习趣味盎然的学园、师生心灵栖居的家园。

1. 一景一匠心独具

将自然景观与人文景观巧妙相结合，构建校园八景，凸显环境育人的价值。

（1）“幸福源远”：在学校地标墙背面呈现常州市居丽琴副市长为学校写的题词“让每个生命拥有幸福”。

（2）“含英咀华”：“化雨楼”大厅中间设计屏风“生命之花幸福绽放”，两边墙面分别安排“办学理念”及其解读，“三风”“校训”及其解读。

（3）“逸趣横生”：着力将鲁迅笔下的“百草园”及对这个儿时乐园的描述还原再现，打造学生童年的乐园。

（4）“读书三余”：布置学生开放书吧，让学生在课间和午后休息游戏、与书相遇，享受童年乐趣，从“阅读”走向“约读”，实现“悦读”。

（5）“竹林风吟”：在教学楼之间的空地上种植竹林，既营造出一道亮丽的校园风景，又让师生从竹林的幽绿拔节中感受到生命的力量。

（6）“欢欣踊跃”：在操场的一角设置学生趣味运动区，让学生在闲暇时间尽情地玩耍，感受童年的欢乐。

（7）“心安神泰”：布置教师休闲处，让教师们放松神经，愉悦心情，享受温馨恬淡的宁静和幸福。

（8）“对垒弈趣”：在花草树木、鸟语花香的校园环境中，露天摆放对弈的桌凳，让学生在思维碰撞、赏心悦目的环境中享受成长的幸福。

2．一层一主题规划

“含英楼”打造一层一主题，整体设计校园文化墙。

一楼：生态环境优美的“花园”。通过一幅幅新奇的动物照片、植物图片、书画作品，打开大自然这本“绿色的课本”，让学生在一花一草间呼吸百卉千葩的气息，聆听虫鸟的鸣唱，探索自然科学中充满奇趣的奥秘。

二楼：活动丰富多彩的“乐园”。呈现校园吉尼斯、科技小制作、主题活动节等，展示了一个玩中学、学中悟，幸福成长的乐园，让学生撷取百花芬芳、吮吸美德雨露、绽放生命之花的身影熠熠生辉。

三楼：学习趣味盎然的“学园”。学园是学习知识之园、提升能力之园，更是塑造品行之园。读书之星、书画作品、课堂展示等，教育学生学会学习、学会合作、学会生存、学会做人。这里记录了学生快乐学习、拔节成长的足迹。

四楼：师生心灵栖居的“家园”。十年树木，百年树人。“家园”为师生心灵的栖居提供了平台：十大团队（个人）、阅读推荐、活动掠影……教师们怀揣着对教育的追求，和谐共进，用博爱和智慧，培育笃志好学、博文约礼的莘莘学子，实现教育梦想。

3. 一梯一风采展示

将“含英楼”东西楼梯打造成“成语艺术节”等成语文化活动的展示区，留下活动中的精彩瞬间。将“百卉楼”楼梯开辟为学生“成语谜图”作品的展示区，展示学生根据成语创作的图画谜语。“化雨楼”西楼梯以“教师风采”为主题，展示五级梯队教师的风采。

4. 一区一阅读空间

在“化雨楼”三味书屋东门区域建设阅读角，走廊南侧介绍中外名人生平事迹及其与读书有关的名言，从读书的重要性、多读书、读好书三方面给予学生引导。以“好书推荐”“读书成果展示”“读书排行”为主，进行好书推荐。在楼梯拐角处设置四个还书箱，书箱表面装饰四个与读书有关的成语：开卷有益、博览群书、枕典席文、手不释卷。

5. 一角一学科阵地

利用校园内有限的空间，创设学生开放的课程活动区域。在“含英楼”西楼梯一楼的楼梯拐角处设置科技角，在展示学生科技活动的同时，利用废旧材料进行旧物改造，如将两根水管制作成简易的书架，用旧轮胎制作成有创意的桌凳。整个布置富有童趣，且通过因地制宜的旧物改造给予学生智慧的启发。在“含英楼”二楼通向食堂的拐角处设置信息角，放置信息技术的相关书籍、电子元件等，供学生进行动手实践活动。

6. 一墙一成果汇聚

利用各班级门前的通道墙面，设置班级活动成果展示区域。各班级每月依据主题，对学生活动中的过程足迹或成果收获进行展示，为班级中每一位学生提供了更宽广的展示舞台，扩大了学生的活动参与面。

第二节　指向课程的数字化资源建设

除了大力开发校园的物质环境外，学校还重点建设了成语文化课程的数字化资源。依托网络平台，建设“云平台”成语文化教育教学资源。

一、成语学习内容的数字化资源建设

1. 校本教材内容数字化

（1）重视成语教学内容的数字化建设。根据年段特点，以单元主题为编排要求，形成一主题四个成语故事为主体的单元学习内容，并以此为核心进行横向与纵向的拓展，横向上提供更多的与之相关的学习内容，纵向上以此为基础进行更深层次的延伸拓展，如成语探源等。每学期两个主题，小学六年累计编排 24 个主题单元，涵盖“成语与做人”“成语与科学”“成语与艺术”“成语与地理”“成语与军事”等。数字化的学习内容，不仅为教师教学提供了丰富的资源，也为学生学习提供了更为便利的条件，并且学校会对这些数字资源进行不定期的丰富与完善。

（2）重视成语学习内容的多维呈现方式。成语中有许多出自神话故事、历史故事，如果将这些成语故事制作成动画，让学生直观地感受故事，对学生认识人物、理解成语内涵大有裨益。建设虚拟化仿真教学资源对学生的成语学习有着非常积极的促进作用。学校依据成语文化校本教材的内容，从神话成语、寓言成语、历史成语、诗歌成语、道德修养成语这几个方面将成语素材汇编成成语文化电子书，涉及成语的典故、出处、内涵及对相关成语内涵的解析。

2. 建设以主题化成语为载体的数字化资源

对相关主题的成语进行汇总，检索出这些故事发生的大致时间，以时间的推进为纲，整体构建资源库的框架。在每一个年代的时间节点上，选取典型的人物，围绕人物聚焦有代表性的成语，创作演绎成语背后的故事，利用三维立体在线仿真学习，在强大的云计算能力支持下模拟、再现成语故事场景，通过直观的感受，使学生身临其境，感同身受，激发学生学习的兴趣，加深学生对成语的理解。

3. 建设以经典或名著为媒介的数字化资源

成语词典及网络成语资源的查询都是以单个成语为检索目标的。这样的检索缺少成语与成语之间的有机关联，如《论语》中有许多成语，这些成语出自哪篇需要一个个地查询，如果进行归纳、整理，学习起来就方便多了。另外，诗文、小说等经典中也包含大量的成语，将这些典籍中的成语梳理出来，以这些经典名著为纲目，借助数字化媒体，呈现出名著中的情景，引领学生进入名著所描绘的情境之中，从而理解成语的产生与应用。

4. 建设成语查询系统

根据小学生的年龄特点，初步整理出以下几个大类的成语：描写山川河流、四季景色的成语；关于十二生肖的成语；与数字相关的成语；描写心情的成语；关于气候变化的成语、关于动物的成语；关于人物品质精神的成语等。

除了四字成语外，还特别设计了三字成语、五字成语、六字成语、七字成语、八字成语、九字成语、十字成语等数字查询内容。

为了激发学生学习成语的兴趣，除了一般的归类查询外，还编排了成语谜语、看图猜成语、成语接龙游戏、成语作文等内容。

二、成语教学的数字化资源建设

成语学习的最大支持力量是教师，成语文化建设的主力军也是教师。由于教师的流动与新教师的加入，学校每年都会对教师进行培训。一是提升教师对成语文化的理解与对成语教学价值的认识；二是进行成语教学方法与策略的指导，让每位教师既成为成语文化的传播者，也成为学校成语文化课程的建设者。

1. 建设支持教师课堂实践的资源

汇编成语文化校本教材的课堂教学设计和教学课件，形成系统的电子教案，建设教学课件库，为教师开展课堂教学提供基本保障。梳理精品课的教学研究历程，建立精品课教学实践档案。总结提炼各类课型教学的基本结构流程，形成成语文化诵读课型、成语文化识字与写字课型、成语文化表演课型、成语文化习作课型、成语文化探究课型、成语文化主题阅读课型等课型范式。

2. 建设用于教师反思实践的资源

提升教学能力的重要方式是反思，“实践 + 反思”是当下教师研讨的主要方式。凡是学校组织的成语文化研讨活动，都会利用录播教室，进行课堂教学的视频实录。教学实录有三大优势：一是为学校成语文化课程的研究提供一手资料；二是为教师进行自我反思提供样本，教师可以回看自己的课堂教学，剖析其中的得失与原因；三是为研究团队进行微格分析提供有效的资源。

3. 建设服务于学生学习的资源

成语文化课程开发的主要对象是学生，因此教师的教必须服务于学生的学。为使教学过程更贴近学生的生活，让他们更容易走进学习场景，更方便掌握所学内容，学校一方面搜集大量的成语故事视频，如“胸有成竹”“望梅止渴”“揠苗助长”“门庭若市”“东施效颦”“杞人忧天”等；另一方面制作用于教学的微课视频，让学生借助微课视频进行自主学习。

三、骨干教师工作室及基于“云空间”的远程培训系统建设

1. 工作室的建设与运行

学校依托“云空间”建设骨干教师工作室，培养成语文化课程的建设者和实践者。

附：

骨干教师工作室管理办法（试行）

第一章　工作室的条件和确认

第一条：申报条件

从教育教学工作取得较好成效的骨干教师工作室中遴选产生。

第二条：成员组成

主持人 1 人，成员 6~8 人。

第三条：成员条件

1. 主持人：市、区学科带头人，骨干教师或中小学高级教师。

2. 核心成员：优秀青年教师，原则上年龄在 35 周岁以下。

第四条：建设要求

1. 工作室成员有共同的研究理念，有明确的研究项目、研究方向，教育科研和实践成绩突出。

2. 工作室办公场所固定，条件良好，制度健全，确保工作室活动规范开展。

3. 工作室工作列入学校业务指导和管理，学校给予工作室场地、人员、设备。

第二章　工作室的任务与评估

第五条：主要任务

1. 推出课程建设成果。开展成语文化课程建设项目研究，在两年内形成较为突出的课程建设成果，包括课程研发成果、教学成果、竞赛成果、科研成果等。

2. 培养成语教学名师。建立成员两年个人发展规划，通过相互学习、交流、研究、合作，使工作室成为成语文化教学优秀教师切磋教育教学、开拓创新的舞台，促进工作室成员快速成长，培养更多优秀教师。

3. 打造教学示范窗口。总结教育科研成果和教学经验，形成具有先进性、引领性的教学风格、教学范式，在本地区乃至更大范围内发挥示范作用。

4. 共建共享优质资源。建立骨干教师“云空间”工作平台，形成网络研修社区，让优质教育资源辐射影响更多教师，造福更多学生。

第六条：考核评估

1. 考核方式：工作室实行中期过程性考核和两年届满综合性考核相结合的评价考核机制。

2. 考核要求：过程性考核以工作室自评、校评为主；综合性考核在工作室自评、校评的基础上由学校组织专家团队进行全面评估。

3. 届满重申：两年届满，且综合性考核合格的工作室，应重新考虑新一届工作室的工作方案，履行重新申报、审核手续。

第三章　工作室的常态

第七条：常态管理

1. 成员认定：由主持人负责对成员进行管理与考核。成员流动应遵循工作室建设条件及成员组成要求，人员流动时需说明原因并上报学校备案。

2. 计划总结：每年学期初上报年度工作计划、具体方案等。期末上报工作总结、研究成果等材料。

3. 规范活动：工作室每学年至少开展一次教育教学研究展示活动，在校园网络平台宣传更新活动资料。

2. 基于网络的培训系统

利用工作室建立协作学习的环境，使骨干教师与学生、学生与学生在讨论和交流的基础上进行协作学习。借助强大的云服务平台，使得协作学习的开展更加便利、更加互动、更加创新。

四、学校“云平台”建设机制创新

1. 建立教育教学资源建设激励机制

将教育教学资源建设纳入教师教育教学工作考核中，同时通过多种途径对参与教育教学资源建设的教师给予激励和支持。

2. 建立以应用为导向的建设机制

立足“云平台”，确立以应用为导向的建设机制。围绕“云平台”所提供的功能重点考虑信息技术与成语文化课程整合的频率与质量、优质教育教学资源的建设、教师教育技术与能力的发展等因素，建设名师课堂、学生网上作业空间、成语文化教学资源库、成语文化网上博物馆、网上互动学习平台等应用系统。

3. 建立双向教学评价机制

每位教师的成语文化课都能通过“云平台”进行发布，教师可以对学生的表现进行评价，学生也可以随时对教师的教学方法提出建议，弥补传统教学评价的不足，形成教与学的良性互动。

4. 创新学生的学习模式

改变学生的学习模式，变传统的学习模式为教师指导下的探究式、数字式学习模式，采用多元方式进行基于信息技术手段的教学。对于学生来说，便于其从“云”端选择自己所需要的各种资源，也便于其根据自己的实际情况选择适合自己的学习进程、学习时间和学习方式，在更短的时间内获取更多的知识，形成举一反三、推陈出新的能力。

第三节 基于校外资源的共同体建设

一、引进多方专家资源

要保证校本课程开发的顺利运行，需要和课程专家保持密切联系，不断地进行交流与沟通，建立内部反馈和激励机制，群策群力，分工合作，共同致力于校本课程的开发。成立成语文化课程建设导师团，提供理论支持和实践指导，加强对成语文化课程的价值认识和挖掘，对课程开发的一般流程进行规范性的指导。

下面是学校引进的校本课程专家：

莫彭龄　常州工学院人文社科学院院长、教授，江苏省中华成语研究会会长

吴永军　南京师范大学教育科学学院教授、博士生导师

姚卫伟　江苏教育出版社编审，《全国优秀作文选》主编，江苏省考试研究会副会长

王建军　苏州大学文学院教授，江苏省中华成语研究会副会长

朱净之　常州大学教授，文学研究专家，江苏省中华成语研究会理事

潘金林　常州工学院教授，江苏省中华成语研究会理事

郭晓阳　常州广播电视大学副教授，语言学研究专家，江苏省中华成语研究会理事

汪禄应　常州工学院副教授，教育教学研究专家，江苏省中华成语研究会副秘书长

潘小福　常州市教育科学研究院副院长

朱洁如　常州市教育科学研究院小学语文教研员

薛　辉　常州市新北区教师发展中心小学语文教研员、江苏省小学语文特级教师

二、搭建校内活动平台

结合课程学习，学校组织开展成语文化艺术节、成语擂台赛、成语新说创作大赛、成语插画比赛、成语故事演讲比赛、成语趣味游戏等活动，为学生开辟成语学习的多种渠道，将成语文化渗透到学生喜爱的活动中，发挥成语文化对学生认知提升、德行养成的滋养作用，同时也为学生展示成语文化学习的成果搭建了平台。

附：

成语溢满校园　幸福伴随童年
——第十届成语文化艺术节实施方案

一、活动目标

面向全体学生，以育人为宗旨，以班级为基础，重在普及，激发学生对成语、艺术的兴趣和爱好，培养学生健康的审美情趣和良好的艺术修养，引导他们向真、向善、向美，体现百草园小学学生朝气蓬勃的精神风貌，丰富校园文化生活，推动学校成语特色及艺术教育的健康发展。

二、活动主题

成语溢满校园　幸福伴随童年

三、活动时间

2018 年 5 月

四、参加对象

全校学生

五、活动步骤

1. 准备动员阶段（5 月 5 日—5 月 11 日）

（1）成立艺术节指导小组。

（2）商讨制订艺术节计划。

（3）举行艺术节开幕式。

2. 活动实施阶段（5 月 14 日—5 月 25 日）

【学校活动】

（1）成语插图我来画。

根据学校成语校本教材的内容，积极动脑为每则成语绘制插画。可利用美术课、选修课、成语校本课等时间，全班学生一起创作，每班评选5幅优秀作品，在年级组内进行评选，制作成展板。

注意：纸张要求A4大小，横版竖版都可，成语名称和作者信息用铅笔标注在作品反面右下角。

（2）成语接龙我最行。

三至六年级各班开展成语接龙活动，选择10份优秀作品汇编成册并全班背诵。

三年级以“百折不挠”开龙，以“博文约礼”收龙，中间接58条成语，共60条。

四年级以“草长莺飞”开龙，以“毅然决然”收龙，中间接118条成语，共120条。

五年级以“乐善好施”开龙，以“善以为宝”收龙，中间接178条成语，共180条。

【班级活动】

（1）一、二年级：成语儿歌我来诵。

诵读《配画成语儿歌》等和成语有关的儿歌，可自行配乐或加动作，利用夕会课等时间在班内评选，每班推荐2名选手，以年级组为单位组织决赛。

（2）三至五年级：成语听写我能行。

各班自行组织举行成语听写大赛，组成五支队伍，每队3名学生，其余学生观赛，最终根据积分产生一等奖2个、二等奖3个。

3. 评比表彰阶段（5月25日—5月30日）

（1）艺术节各项赛事报道。（责任人：项目负责人）

（2）表彰优秀插画。

三、建立校外交流平台

可以借助省、市的课程基地建设，以及校外实践教学基地、教学科研实践基地等平台推进课程建设。利用这样的平台，师生走出校园，交流学习，促进了成语文化研究的深入。同时，可以建立与成语文化教学研究兄弟学校的校际研训交流机制，形成研究共同体，探讨研究问题，分享研究成果。

作为常州市成语文化研究会的第一批成语学习与实践教学基地、江苏省中华成语研究会教学科研实践基地，学校借助江苏省成语文化研究会会员单位的资源，承办了第一届中华成语文化论坛暨第二届常州市成语文化艺术节活动。在江苏省第二届成语文化教学观摩研讨会中，学校应邀展示了成语文化探究课，得到了与会教师的一致赞誉，《小学语文教师》主编杨文华先生给予了高度评价。在江苏省第五届成语文化教学观摩研讨会中，学校展示了一堂《成语故事》课，南京晓庄师范学院郭骏教授给予了“重类比”“重比较”“重体验”“重实践”“能关注中小学的衔接”“注重学生思维能力的培养”的高度评价。此外，学校与常州市中天钢铁学校、江苏省奔牛高级中学组成志同道合的研究共同体，尝试研究成语文化学习的小升初衔接性学习。学校还组织学生多次走进常州电视台《社会科学百家谈》节目现场，讲成语故事，说成语经典，展示自己的风采，也向社会传递了学校成语文化学习的正能量。

第七章

成语文化课程的未来发展

学校以成语文化研究项目为基础，以成语文化课程基地为平台，积极建设并充分利用校内外教育资源，系统架构成语文化课程目标和内容序列，加快实现课程物型化，让成语文化课程适应每一位学生的生命发展，提高教师的课程开发与实施能力，助推教师专业成长，以“立足成语，传承文化，滋养生长，奠基人生”为路径，构建与之相适应的教学环境、新型课堂、教研机制、评价体系，推动学校内涵发展。

第一节　学校发展：从百草苑小学到百草园小学

一、发展历程：充分解读，多方论证，明确学校办学愿景

百草园小学创办于2008年，地处常州市政府东侧，毗邻藻江。前身是一所隶属于三井中心小学的村校——藻江小学。建校初定位为百草苑小区及周边新村配套小学，定名为百草苑小学。后因受鲁迅先生《从百草园到三味书屋》一文的启发，学校定名为“百草园小学”，隶属于新北区社会事业局。

百草园是鲁迅先生孩提时代的美好乐园，草木葱茏，虫鸟欢唱，充满生机和活力。百，象征多，有海纳百川之意，汲取各种办学思想，孕育多元人才，发展多种特长；草，草根，有旺盛的生命力，更多体现出生命的自觉，教育的意义在于唤醒这种自觉；园，精神家园，幸福乐园，快乐学园。百草园，这一美好的名字本身蕴含着教育理念，可以说是“有趣、快乐”的代名词，为我们描绘了美好的教育愿景——让每一个生命都幸福绽放。期望在教育的儿童性与社会性之间找到融通的路径，从“草”旺盛的生命力中受到启发，激起儿童的生命自觉，使儿童在传统、现实与未来之间，在自身、自然与社会之间进行主动建构，体验到来自生命成长、和谐生存的幸福。学校着力将自身打造成生态环境优美的“花园——百卉千葩”、活动丰富多彩的“乐园——百花齐放”、学习趣味盎然的“学园——百川归海”、师生心灵栖居的“家园——百年树人”，让百草园成为生命绽放的幸福园，

让全体师生享受生命成长的幸福。

建校之初，学校占地面积24783平方米，建筑面积13746平方米，有教学班16个，学生630名，教师37名。随着办学规模的不断扩大，学校目前有教学班30个，学生1350名，教师73名。2011年，学校创建成常州市优质学校，开启了百草园小学事业发展的新篇章。

二、文化孕育：聚焦办学核心理念，明确学校文化之源

学校秉承“让每一个生命都幸福绽放”的办学理念，在办学实践中不断寻求文化发展目标，提炼学校的核心价值追求，经历了从“‘成语文化’—‘百’文化—‘yuan’文化”的探索历程。

2008年建校之初，我们把创建市优质学校作为学校发展核心目标。我们以“成语”作为学校发展的特色项目，开始了成语文化的实践研究。随着研究的不断深入，“成语”作为特色项目的价值逐步彰显，但还不能很好地统领学校的各项工作。

2012年，即上一轮规划制定之际，又一次开始了文化建设的探寻，我们对校名进行了深度解读，挖掘“百草园”本身蕴含的教育理想。学校开始尝试建构“百”文化体系，提出“百家争鸣”“百花齐放”的文化发展目标，体现了对每个生命独特性的尊重和促进生命的多元发展。在推进“百”文化建设的过程中，我们认识到“百”作为一个数字，其内涵过于单一，双“百”只是一个终极性目标，不能很好地体现教育的本真追求。

2015年，在制定新一轮规划的过程中，我们不断追根溯源，叩问办学的价值追求、目标愿景。经过多次讨论、多方论证，我们逐渐明确了学校的发展愿景，即学校应是一个丰富、有趣、生长的教育百草园。“百草园”应成为孩子成长的沃土，滋养孩子生命成长的乐园。基于此，学校提出了“yuan”文化发展目标——管理求“远”、环境塑“园”、课程探“源”、师生学“渊”，最终成就师生幸福圆满的人生。

2011年，常州市优质学校创建成功，全体百草园人面对新的发展契机，又一次面临发展困惑：如何寻找学校办学理念最适切的表达？如何对教师的发展进行准确定位？如何在学生成长过程中实现教育本真的价值追求？

基于这样的叩问，学校借助省、市专家的高位引领，组织师生座谈，在规划制定实施中，进一步明确学校的发展愿景，丰富文化建设内涵，深化“校训三风”解读，逐步形成完整的文化表达系统。

办学理念：让每一个生命都幸福绽放。

办学愿景：学校成为丰富、有趣、生长的教育百草园。

我们把“志存高远，见贤思齐”作为校训，旨在让百草人有高远的志向、和谐共进的情怀，为人治学能取长补短，博采众长，兼容并蓄，在传承优秀文化和不断学习中找到前进的方向。

经过十年的努力，我们逐渐形成了“高情远致，抱素怀朴”的校风，“春风化雨，诲人不倦”的教风，“笃志好学，博文约礼”的学风。确立了师生发展目标：培养具有“博、毅、善”三项核心品格的学生，即“海纳百川之博、千锤百炼之毅、诸子百家之善”；培育具备“广、精、仁”三项核心素养的教师，即“虚怀若谷之广、研精毕智之精、高山景行之仁”。

我们对“yuan”文化的定位与解读也更为准确，更为丰富，形成了相对完整的内容表述。

一是管理求“远”。学校倡导“人人都是学校的管理者”。每一位教师既要脚踏实地做本真教育，又要仰望星空，树立高远理想，形成求“远”的管理文化特质。

二是环境塑“园”。学校成为生态环境优美的“花园”、活动丰富多彩的“乐园”、学习趣味盎然的“学园”、师生心灵栖居的“家园”。

三是课程探“源”。教育的过程成为师生探寻知识本源、对话交流、同生共长的成长经历，课程要让师生发展成为可能。

四是师生学“渊”。师生不仅博览群书、学识渊博，更是为生命成长打下深厚的基础。学生能具有“博、毅、善”三项核心品质，教师能凸显“广、精、仁”三项核心素养。

三、变革转型：在整合融通中推进学校转型发展

建校十年来，学校基于独特的资源和发展历程，不断积聚发展的内驱力，在累进与变革中推进学校的转型发展。学校以“弥漫”和“渗透”的方式，

以努力转变师生日常生存状态的行动，纵向开展了学校管理变革与领导团队发展、学科教学变革与教师发展、学生工作变革与学生成长三大领域的研究，横向逐步尝试打通各领域、各层级之间的关系，呈现内部有机关联的整体变革，学校文化特质也逐步在校园生活中彰显出来。

1．组织形态逐步完善，管理重心初步下移

学校不断完善领导团队的学习制度，逐步更新领导管理观，初步形成“在成事中成人”“以成人促成事”的管理价值观及责任人和合作者的人际关系观，将形成秩序和推进改革作为管理的主要职能，建立起校级领导者、中层管理者和基层管理者之间的互动机制，主动整合资源，部门之间、学科之间不断走向融合，使重心下移式的管理得以进一步发展，形成管理合力。

2．课程建设渐成体系，课堂转型初见成效

经过多次研讨，学校进一步明确了课程目标。并基于课程目标，以文化的视野、课程的视域、儿童的视角进行课程的顶层设计，从“扎实的基础”“丰富的拓展”“鲜明的特色”三个维度构建学校课程体系，有序推进各学科课程建设。学校着力开展课堂转型研究，使学生的知识结构（学科知识点整理）、方法结构（核心能力研究）、教学过程结构（课型基本展开逻辑）相互融通，通过学习方式转变的研究、学科质量标准的研制等举措增强教师教学的“长程意识”，以教学的变革促进课堂的构建。各学科依据自身的发展轨迹继续推进专题研究，打造各具特色的精品项目，呈现出丰富的差异性，培育一批骨干教师。

3．班队研究扎实日常，班主任梯队分层发展

学校着力整合教育资源，不断提升学生工作内涵。学生工作从班级文化建设、班队课型研究、德育课程开发、主题系列活动等方面开展实践研究。开发了夕会课程、仪式课程、节日课程等，策划了“蒲公英”“映山红”“莲花”等“百花”行动，初步构建了德育课程框架。班级建设研究逐渐深入，班主任梯队实现了分层发展，涌现了一批有智慧、有爱心的班主任。

在十年发展过程中，学校聚焦管理变革、课程建设、学生工作，在实践变革中不断创生“新质”，着力培养“广、精、仁”的教师与“博、毅、善”的学生。一路前行，学校经历了很多挑战，也获得了众多荣誉。如今，学校正努力从一所城镇中心小学向常州市北部新城核心区的现代化优质学校转型。

第二节　成语文化：小创意，大作为

一、提升学校影响力

学校在“让每一个生命都幸福绽放”的办学理念的引领下，始终以“促进人的主动健康发展”为核心目标，走过了在实践变革中不断创生、不断累进的发展历程。学校的校园环境不断优化，管理内涵逐步丰富，课程建设日趋完善，教师发展卓有成效，德育工作特色彰显。学校先后获得全国中小学节约型校园建设示范校、全国软式棒垒球实验学校、江苏省节水型学校、江苏省健康促进铜奖学校、江苏省平安校园、常州市教育科研基地、常州市依法治校示范校、常州市师德建设先进单位等多项荣誉，进一步提升学校内涵发展和办学品质，快速推进学校转型发展。

学校先后有多位教师应邀参加省、市的课堂教学展示，如顾彬老师应邀到南通五山小学进行成语探究课展示等。教师积极撰写的几十篇与成语文化相关的论文获省、市级论文评比一、二等奖，部分论文发表在《江苏教育》《江苏教师培训》《课程与教学》等期刊上，《成语文化：滋养师生生命成长》获常州市学校主动发展优秀项目一等奖。《江苏教育》期刊刊登了我校成语文化课程建设的专题掠影，我校成语文化特色教育的专题介绍和新闻报道在全国、省、市的报刊上多次刊登，许多网站对学校的成语学习活动也给予了高度的评价，彰显了我校学习中华成语、弘扬传统文化、开发成语资源、创新特色教育的办学特色。

二、提升教师专业水平

学校遵循“促进内觉，主动发展”的教师发展理念，着力激发教师的成长动力，打造教师发展的多种平台，促进教师素养提升和梯队发展，培植百草园小学教师鲜明的特质，努力培养具备“广、精、仁”三项核心素养的教师群体。学校现有五级梯队教师占编内教师总人数的41.3%，实现梯队教师各学科全覆盖，综合学科梯队教师比例达72.%。在省、市、区各级教学基本功竞赛及课堂教学评优活动中，有近30人次获奖。经历了省、市、区级多项课题研究的磨炼，教师的科研意识不断增强，科研能力逐步提高。

有两位教师领衔新北区优秀教师培育室，一位教师在新北区教研室组织的“小学语文特色教师展示活动”中精彩亮相，多人获得省、市、区优秀教育工作者及优秀辅导员等荣誉称号。教师群体不仅具有较强的课程开发、教学实践和成果提炼能力，而且具有团结协作、不断创生的团队精神，专业水平显著提升。

三、提升学生核心素养

我们行进在成语学习和研究的道路上，感受着祖国文化的博大精深，演绎着对中华成语的精彩传承。我们充分认识到成语这一丰富的教育资源对学生的教育价值，致力于让学生通过成语的学习增长知识，提高人文素养和思想修养，使成语文化为学生的美好德行、优雅气质、敦厚性格的养成奠定良好的基础。近年来，学校将成语文化课程建设的终极目标指向学生“博、毅、善”的培养目标，通过成语文化课程建设，引导学生进行成语文化的积淀、浸润，实现成语文化对学生的情感、态度和价值观的深层滋养。

学校有几十名学生获全国少儿成语作文竞赛一、二、三等奖，录制了“风雅少年诵——走进百草园”节目，并在常州市公共频道播出。学校独创的《闻鸡起舞》成语儿歌操、课本剧《守株待兔》、成语故事《熟能生巧》等也都被搬上荧屏，《常州晚报》给予了《闻鸡起舞》成语儿歌操“小成语做出了大文章，小学校做出了大创新，小创意将会有大影响”的高度评价，彰显了学生在成语文化濡染下的多元发展。

第三节 成语文化课程：结硕果，提素质

一、形成成语文化的教学主张

学校在文献学习与实践研究中提出了“成语文化”的概念。目前，对“成语文化”的界定有如下三种：第一，“成语文化”=“成语”+“文化”；第二，“成语文化”=“成语的文化”=“成语内的文化”；第三，“成语文化”=“文化的成语”=“成语这种文化”。基于学校十年的实践研究，发现后两种概念更加符合“成语文化”课程化的要求，因此我们认为“成语文化”一方面指以成语为载体的各类文化，就其外延而言，只有被凝练到成语中成为意义内容的文化元素，才是所谓的“成语文化”；另一方面指“成语这种文化”或“作为文化的成语”，它是语言文化的重要内容之一，其外延是与成语的外延相当的。

成语文化课程是指以成语为核心，围绕传承中华文化、提升语言素养、健全人格的总体目标，自主开发和实施的一门课程。我们在深入学习与研究成语文化的过程中，不断聚焦儿童未来成长的核心素养，明确了培养具有“博、毅、善”特质的“百草娃”的育人目标。综合各类课程理念与教育主张，提出了儿童的生命成长是成语文化课程最重要的价值。

二、探索传统文化落地生根的有效路径

传承中华传统文化是每一位教育工作者义不容辞的责任。对于学校而言，要真正落实传统文化的教育，就需要依靠教师的智慧和长期的实践研究。百草园小学经历了十年的成语文化研究，抓住成语这一古老的语言宝库，以此为核心辐射到中华文化的各个层面。这样的研究切口小、辐射面广，打通了国家宏观指导与学校微观教育之间的一条通道，让传统文化教育能扎根于我们的校园。

三、明确提升教师课程开发能力的策略

学校在成语文化课程开发与实施的过程中，通过内外引领，集聚了优质课程建设资源。

首先，借力课程建设“专家组”力量。学校以专家的卷入式指导作为课程建设最重要的支撑。一方面，邀请教育科研专家对课程开发与实施“把脉”以明确研究方向；另一方面，邀请江苏省中华成语研究会专家对研究团队进行培训指导，提供智力支持和建设性建议，从课程体系、学科统整、课型研究等方面进行深入的探索与实践。

其次，着力课程建设“项目组”实践。学校专门成立了“成语文化课程建设”项目组，由分管教学的校长领衔，汇聚了学校成语文化教学的骨干力量，以充分保证课程开发与实施的研究力量。组织项目组成员积极参与成语文化课程的开发与实施，开展微型团队同伴互助式的校本研修。项目组管理不仅凝聚了共识，还催生了教师专业发展的内在动力，人人参与，智慧分享，使成语文化课程研究有了厚实的研究土壤。

再次，分享课程建设“经验性”成果。我们既注重基于本校实际进行的原创性课程开发与实施，更关注汲取不同学校的课程建设经验，在各类不同级别的课程建设分享中不断丰富和完善。学生在成语文化浸润中发展了核心素养，教师在实践创生中促进了专业成长，学校在各类活动中获得了积极的社会影响。一次次的展示，一次次的分享，坚定了我们走提升学生核心素养的成语文化课程研究之路的信念。

第四节　成语文化发展愿景：明方向，重辐射

一、明确成语文化课程的发展方向

1. 提出“成语文化”课程群的概念

为了将成语文化与学校课程有机融合，学校从梳理校本课程和实践活动入手，搭建起“成语文化”课程群。一是通过校本必修的方式，开设成语文化课，并将其纳入课表，保证课时；二是开展整合教学研究，进行“成语文化 +”研究，同时开设与成语文化相关的社团活动，如成语课本剧、成语作文等，让学生在成语文化活动中涵养品格；三是通过组织游学等文

化活动、以“成语文化”为主题的综合实践活动促进学生学以致用、知行合一，让学生能够受到成语文化的浸润。

2. 整合多元的学习方式

学习方式的整合可以基于环境、信息技术、组织形式等方式展开，由于成语文化的内容涉及面广、内涵丰富，因此必须采用多元的学习方式提高学生学习成语文化的效率，教师可以在日常的教学实践中总结出成语文化学习的新模式。

3. 打造成语学习主题馆

成语学习主题馆主要由成语自然厅、成语艺术厅、成语民俗厅、成语历史厅、成语游戏厅、数字成语厅等主题展示区组成。以学生喜爱的方式进行展示，如图片、动画、视频、游戏，结合现代科技手段丰富呈现形式。

4. 成立儿童成语文化研究院

给学生提供进行成语文化研究性学习的场所，展示学生进行探究性学习的成果。成立儿童成语文化研究院，借助研究院机构组织学生开展丰富的活动。研究院围绕“成语文化”设立七个部门：成语文化活动策划部、成语文化环境设计部、成语书画创作部、成语故事宣讲部、成语情景剧表演部、成语游戏开发部、成语文化宣传部。每个部门由学生领衔负责，并聘请教师进行辅导。每学期开展“研究小院士”的申报、评选活动。

5. 探索传统文化的落地机制

成语文化是中华传统文化中的重要组成部分，将成语文化扎根于校园是百草园小学所有教师义不容辞的责任。如何落实？我们在实践中将成语文化作为国家课程校本化实施的重要内容，探索成语文化课程的教学课型，进行课程的资源建设，构建与之相适应的学习环境、教研机制、师生评价体系。

二、彰显成语文化课程的辐射效能

未来我们以共同发展为目标，通过教学互访、跨市区结对等进行成语文化课程的建设与研究，积聚集体力量进行工作室共建，发挥课程基地的辐射作用，凸显成语文化课程的育人价值。

1. 课程建设

出版一套“成语文化”丛书，包含“成语文化”校本教材和理论专著，以及汇编发表的“成语文化”教育教学论文集。

2. 资源建设

创设数字化成语学习平台，联合社区、博物馆成立校外学习基地。

3. 团队建设

通过“成语文化”项目整体建设，提高学校教师的课程开发和实施能力。借助专家团队的指导，打造一批深耕于成语文化研究的教师，在省内乃至全国产生一定的影响力。

4. 应用推广

学校积极争取上级行政部门的支持，借助江苏省中华成语研究会的平台，面向全省展示我校成语文化课程建设的成果，为全省的传统文化教育落地提供样板。

后　记

成语文化课程开发：从传承需要到明确育人价值

近年来，在提振中华魂、实现中国梦的行动中，在坚持“文化自信”的导向下，各层面都认识到民族文化的博大精深、多姿多彩的内容及其在重塑民族精神方面的重要作用。成语包含着丰富的民族文化，有着鲜明的民族特色和历史文化内涵，多源自历史事件、民间传说、寓言故事或典故格言等。成语文化所折射的汉民族精神文化、物质文化、语言文化，更能体现成语文化是传统文化回归的需要，是培植学生热爱祖国语言文字情感的需要，是传承汉民族语言魅力的需要，也是实现小学到初中的成语教学衔接的需要。

成语文化对孩子成长的重要性更是不言而喻。目前成语文化尽管丰富了现行小学语文教材的传统文化资源，各年段教材中均有成语内容的不同层面的编排，但成语文化独特的育人价值在基础教育阶段还没有被充分挖掘，成语文化教学的重要性还没有得到大家的重视，对成语文化的专题研究及系统性教学较为缺乏。每一个百草园人都有责任把成语文化研究好、开发好、建设好，为弘扬优秀的传统文化、提升百草园小学莘莘学子的核心素养进行教学研究。

我们在深入学习与研究成语文化的过程中，不断聚焦儿童未来成长的核心素养，明确了培养具有“博、毅、善”特质的“百草娃”的育人目标。综合各类课程理念与教育主张，提出促进儿童的生命成长是成语文化课程最重要的价值。

成语文化课程是落实社会主义核心价值观的重要载体。习近平同志在中共中央政治局第十三次集体学习时强调，要深入挖掘和阐发中华优秀传统文化的时代价值，使中华优秀传统文化成为涵养社会主义核心价值观的重要源泉。成语文化作为中华优秀传统文化的重要组成部分，是社会主义核心价值观的重要思想来源和理论依据，必然要承载社会主义核心价值观教育的重任。学校凭借成语这一文化现象，以多样的主题活动，将社会主义核心价值观教育渗透到学生的日常生活中，使得学生在学科学习、班队活动、夕会课、主题节之中浸润成语文化，从而达到育人目标。

成语文化课程是守护与传承地域文化的重要抓手。与常州有关的成语有很多,如“寸草春晖”“纸城铁人”“季札挂剑”“秋风过耳”“高山流水”。这些成语不仅反映了常州的历史文化，还彰显了常州人的伦理道德。学生通过成语文化能更加深入地了解常州地域文化。

成语文化课程是提升学生语文学科素养的有效途径。从文化资源的角度思考，成语是极具语言价值的，成语中采用的修辞、押韵，还有以四为佳、以偶为美的古代汉语审美特点就体现了成语独特的语言魅力。成语的来源比较广泛，如古代神话、古代史书、经典名著等，这些文献为提升学生的语文学科素养提供了丰富的资源。

从学段间平稳过渡的功能看，当下的小学阶段更加关注孩子的现代文阅读，而往往忽略了文言文。而小学时期恰恰是文言文启蒙的关键时期。小学阶段孩子的记忆力是最好的，背过的东西甚至一辈子都不会忘记。而文言文的自学效率不高，古汉语中涉及的一些字词、语法、典故都是需要学生花费时间去识记的，这在很大程度上挫伤了学生学习文言文的积极性。成语文化课程的实施，可以有效帮助小学阶段的孩子学好文言文，积淀古汉语底蕴，为学生进入高年段的学习打下坚实的基础。

成语文化课程是完善学科课程建设的有益补充。成语文化课程已经成为我校课程顶层设计中的重要组成部分，尤其在语文学科课程建设中起着举足轻重的作用，成语文化校本课程已成为语文学科国家课程校本化实施的重要抓手。

综上所述，我们觉得成语文化课程的开发与实施既是适应时代发展的要求，也是小学语文学科教学的有效补充，更是提升学生学科素养的有力抓手。成语文化的研究需要立足学校实际，基于学生的成长需要，从而构建整个成语文化课程体系，科学合理设置课程内容，促进师生共同成长。

梳理与提炼，通稿与整理，沉淀的是十年实践的艰辛与芬芳，孕育的是再次出发的勇气与动力。《成语育人——成语文化课程的开发与实践》是学校对办学以来实践经验的总结与提炼，当我们将十年的发展史整理成文稿时，感激之情油然而生。从第一项课题研究以来，得到了许多专家与同仁的指点和帮助，得到了全校教师的倾情付出。

感谢多年来一直关心我们成语文化建设的莫彭龄教授及其领衔的团队，十年如一日引领我们坚定地行走在成语文化研究之路上。感谢在学术理念方面给予我们指导的吴永军教授，在成语文化课程建设过程中的精神引领与智慧点拨，给予了我们前行的自信与力量，吴教授还在百忙之中为本书作序。感谢在实践研究方面给予我们倾情指导的常州市新北区教师发展中心小学语文教研员、江苏省小学语文特级教师薛辉，从课程的顶层设计到日常课堂研究等，给予我们专业的指导与无私的帮助。感谢学校创办以来为成语文化建设付出心血的老师们，正是他们的坚守与实践才使学校实现了跨越式发展。还要感谢百草园小学的孩子们，是他们用手中的笔描绘对成语的理解与想象，用传神的表演表达对成语的亲近与喜爱，用生动的表达展示学校成语的变化与成长，从而使成语文化真正成为百草园里一道独特亮丽的风景。要感谢的人还有很多，正是有了你们的一路相伴、倾情奉献，才绘就了学校成语文化绚丽的画卷。

受学术水平和个人视野的局限，书稿中一定还有不尽如人意之处，真诚期盼您的宝贵意见。

张红梅

2018 年 8 月 5 日

江苏凤凰教育出版社
《行知工程》系列丛书目录

系列	序号	书名	作者	定价
教育求索系列	1	《成语育人——成语文化课程的开发与实践》	张红梅	35.00
	2	《做有思想的教师》	张玉彬	45.00
	3	《区域规范性教研共同体建设及其实践》	陈宗成	40.00
	4	《让诗意润泽心灵——德育校本课程的开发与实施》	陈亚兰	40.00
	5	《联想形象识字教学——让学生感悟汉字神韵》	侯忠彦	50.00
	6	《思维导图教学法：一位历史老师的教学探索》	罗培生	35.00
	7	《让经典滋养人生——名著导读教学策略（中学）》	郑建忠	35.00
	8	《关注每一位儿童的发展——语文小班化教学的探索和实践》	何慧玲	40.00
	9	《让生命诗意地栖居——诗意教育的理念建构与实践探索》	钱丽美	40.00
	10	《怎样上好语文课——时鹏寿解析精彩课例》	时鹏寿	45.00
	11	《让书香浸润生命——时鹏寿伴你品读经典》	时鹏寿	35.00
	12	《开在手心里的花——一位优秀教师的教育情怀》	詹雪莲	40.00
	13	《学科建设与教师发展——中学数学》	杨志文	30.00
	14	《欣说教育那“一亩三分地” ——一位一线教师的教育微思考》	王庆欣	30.00
	15	《爱的守望——一位一线教师对教育的坚守》	林卫红	30.00
	16	《思政教学的人文力量》	戴晓华	30.00
	17	《师道新说——给教育者的30条箴言》	徐　卫	30.00
	18	《快乐数学——初中数学教学方式探索》	孙国芹	36.00
教育思想者系列	19	《治校之道——中学名校长的办学智慧(2)》	陶继新	35.00
	20	《名校之道——陶继新对话名校长（1）》	陶继新	30.00
	21	《名校之道——陶继新对话名校长（2）》	陶继新	35.00
	22	《名校之道——陶继新对话名校长（3）》	陶继新	42.00
	23	《名校之道——陶继新对话名校长（4）》	陶继新	40.00
	24	《名校之道——陶继新对话名校长（5）》	陶继新	42.00
	25	《父母要成为子女的精神导师——五个孩子走向卓越的奥秘》	陶继新	43.00
	26	《治校之道——小学名校长的办学智慧(1)》	陶继新	35.00
	27	《治校之道——中学名校长的办学智慧(1)》	陶继新	40.00
	28	《品鉴教育文化盛宴——陶继新序跋屯集》	陶继新	45.00
	29	《为什么而出发——一位研究者对教育本质的沉思》	齐　健	35.00
	30	《高效教学的道与术——陶继新教育讲演录》	陶继新	30.00
	31	《铸造一流教育品质——陶继新区域教育巡礼》	陶继新	35.00
	32	《教育，一切从孩子出发》	黄　俭	30.00

系列	序号	书　　名	作者	定价
精彩课堂系列	33	《主题整合阅读教学（小学语文）》	成孟武	35.00
	34	《基于核心素养的数学教学》	赵红婷	35.00
	35	《中学生核心写作能力培养》	陶　波	36.00
	36	《给孩子更好的数学课堂》	易增加	30.00
	37	《小学生阅读素养的提升策略》	邵巧治	35.00
	38	《从语文素养走向生命成长 ——小学语文读写课堂教学密码》	曾海玲	30.00
	39	《真实的品德课》	朱淑秀	30.00
	40	《英语课堂学习共同体——新型的师生交互学习场》	杨延从	30.00
	41	《指导自主学习——初中数学学与教的研究与实践》	刘其武	30.00
	42	《玩出精彩的课堂 ——小学低年级教与学方式转变研究》	陶红松	30.00
	43	《让生命之花自主绽放——语文个性化教学建构策略》	商德远	30.00
	44	《让学生亲历知识——主体参与下体验式学习的实施策略》	何世祥	30.00
教育探索者系列	45	《教育，静待花开——陪伴孩子一起成长》	武际金　王玉英	40.00
	46	《悦读立人——校园阅读文化体系构建策略》	杨世臣	30.00
	47	《教育智慧何处来——一位特级教师的思考手记》	付立金	30.00
	48	《和雅文化——校本课程的创新构建》	汤善香	30.00
	49	《让个性绽放精彩——学校课程体系整合与创生》	谢建伟　徐淑萍	30.00
	50	《让每个学生都幸福——最能润泽生命的学校文化建设》	谢建伟　张新喜	30.00
创新教学探索系列	51	《让阅读滋养学生语文素养——语文阅读教学策略与实施》	李洪芹	38.00
	52	《学校体育密码》	连仁都	36.00
	53	《我家住在〈诗经〉里》	李日芳	40.00
	54	《〈红楼梦〉里的语文课》	李日芳	30.00
	55	《品世界名画，学精彩作文 ——特级教师的“名画”作文教学法》	李日芳	36.00
	56	《学生数学整体思维培养 ——小学数学结构化教学的探索与实施》	颜春红	45.00
	57	《基于核心素养的体育与健康校本课程建设》	赵卫新	35.00
	58	《把古文教活——激活文言文课堂的教学策略》	刘小华	35.00
	59	《做童年面前最合适的人——我和孩子们的“童化语文”》	曹丽秋	30.00
	60	《玩出精彩作文——张化万活动作文教学经典策略》	张化万	35.00
	61	《让学生把母语用精彩——“语用课堂”的探索与实践》	佘小红	30.00
	62	《“备”出课堂精彩——备学式教学的课堂实践与思考》	张旭兰	30.00
创新教学探索系列	63	《神奇的阅读教室——带学生踏上美妙的阅读之旅》	李祖文	30.00
	64	《打造有生命力的课堂 ——“两步八环节”教学模式探索与实践》	查联智	30.00
	65	《最能培养学生探究能力的课堂 ——小学科学与信息技术单元整体课程实施与评价》	李怀源	30.00
	66	《最能激发学生运动天赋的课堂 ——小学体育单元整体课程实施与评价》	李怀源	30.00

系列	序号	书　　名	作者	定价
创新教学探索系列	67	《最能提升学生艺术素养的课堂——小学艺术单元整体课程实施与评价》	李怀源	30.00
	68	《“生命语文”探索——焕发语文生命力的思考与实践》	王自成	30.00
	69	《粘连作文教学：让习作成为有个性的自我建构》	黄瑞夷	30.00
	70	《备学式教学——在体验中建构数学思维》	单广红　范雪梅	30.00
	71	《向着自主进发——自主教育的创新实施智慧》	朱亚红	30.00
	72	《写中学——让学习更有效的学科写作教学》	钟传祎	30.00
	73	《小学科学实验总动员——大科学课堂有效提升学生创新力》	江美华	30.00
	74	《小学语文单元整体课程实施与评价》	李怀源	30.00
	75	《小学英语单元整体课程实施与评价》	李怀源	30.00
	76	《小学数学单元整体课程实施与评价》	李怀源	30.00
	77	《让教学更能激发智慧——“思维碰撞”课堂的建构与实施》	程和方	30.00
	78	《构建语文综合课新模式——家庭、社区、学校协同教学》	黄瑞夷	40.00
	79	《自主创新让教学成为有效引领》	蔡　隽	30.00
新父母教程	80	《一年级的孩子》	陈文芳	28.00
	81	《二年级的孩子》	陈文芳	28.00
	82	《三年级的孩子》	钱静霞	28.00
	83	《四年级的孩子》	谢　云	28.00
	84	《五年级的孩子》	陈　春	28.00
	85	《六年级的孩子》	袁卫星	28.00
	86	《七年级的孩子》	焦晓骏	28.00
	87	《八年级的孩子》	钟　杰	28.00
	88	《九年级的孩子》	凌宗伟	28.00
国际教育系列	89	《美国教育面面观——一位特级教师眼中的美国教育》	邵淑红	35.00
教师软实力系列	90	《教师人际沟通力》	黄爱华　夏丽娟	38.00
	91	《班主任教导力》	黄爱华　戴诗银	38.00
	92	《教师执业道德力》	黄爱华　夏丽娟	38.00
名校系列	93	《从校本课程走向学校课程——锡山高中课程探索之路》	唐江澎等	35.00
	94	《让每个孩子都成志——清华附小主题阅读课程的实施探索》	窦桂梅	30.00
	95	《让每个孩子都成志——清华附小主题实践课程的实施探索》	窦桂梅	35.00
	96	《向着朝阳走去——清华附小合作办学实践探索》	窦桂梅	30.00
名师成长系列	97	《情怀·智慧·境界——教育名家演讲录（1）》	钟惠河　李韫琬	30.00

系列	序号	书名	作者	定价
校长领导力系列	98	《学校细节管理的执行力》	林文明 王林发	30.00
	99	《校长智慧统筹的领导力》	谢耀丰 蔡丽姗 王林发	30.00
	100	《学校持续发展的研究力》	林文智 宋佳敏 王林发	30.00
	101	《学校和谐融洽的协作力》	陈一平 郭雪莹 王林发	30.00
	102	《学校教育提升的引领力》	谢文东 关敏华 王林发	30.00
	103	《学校团队成长的学习力》	黄纪 蔡美静 王林发	30.00
	104	《学校高效管理的创新力》	张旭	30.00
	105	《学校成功管理的决策力》	邱黎明	30.00
	106	《高品质学校生长要素》	王益民	30.00
	107	《校长高效教学领导力提升策略》	徐世贵 郭文劈	30.00
新思维系列	108	《让后进生学习有后劲之 36 计》	严育洪	30.00
	109	《教育中的“不一定”——打破教育的 19 种思维惯式》	严育洪	30.00
教师修炼系列	110	《如何炼就课堂好声音——教师美嗓保健实用宝典》	薛建洲	30.00
	111	《与学生一起成长——90 后教师的心路反思》	王 晗	30.00
	112	《教育，爱与宽容——教师心灵礼仪修炼》	许力争	30.00
教育家核心思想系列	113	《叶圣陶论写作》	叶圣陶 著 李怀源 选编	30.00
	114	《叶圣陶谈阅读》	叶圣陶 著 李怀源 选编	30.00
	115	《多元智能理论的本土化应用》	刘治富	30.00
	116	《大教育家最具施教力的教学思想》	白刚勋	30.00
学生心理解码系列	117	《在人生的春天播种——十四岁，写给青春的一封信》	白宏宽	30.00
	118	《孩子问题行为一点通——只有好老师才知道的学生心理谜底》	严育洪	30.00
校本研修系列	119	《徜徉语文教研》	肖俊宇	35.00
	120	《校本研修资源的开发与利用》	陈朝林	30.00
	121	《校本研修与教师专业成长》	吴积军	30.00
	122	《卓越教师经典研修成长策略》	刘天宝等	30.00
	123	《特色校本课程开发范例解读》	刘永平 李秀伟 张雪梅	30.00
	124	《高效校本研修模型构建艺术》	刘素雁	30.00
	125	《走向实践的教研——中小学教育科研引领与应用》	江 敏	30.00
教育管理力系列	126	《缔造唯美教育——延奎小学素质教育实施策略》	易增加	30.00
	127	《让普通学校崛起的 20 个细节——“生命为本”教育团队成长密码》	李其玉	30.00
	128	《“走”出教育的精彩：走动式学校管理文化构建》	罗 军	30.00
	129	《校长兵法：学校管理四十六计》	皮大鹏	30.00

系列	序号	书　　名	作者	定价
班级文化系列	130	《活力班级的文化建设》	胡　珏	30.00
	131	《做幸福的班主任》	吕　丽	26.00
高效能教学系列	132	《高效能教师的10个好习惯（中学卷）》	张　瑾	30.00
	133	《让作文落地生根——提高写作实效的教学策略》	黄桂林	30.00
	134	《高效能作文教学5项修炼》	陈步华	30.00
	135	《高效能校长的10个好习惯》	张　勤	30.00
	136	《高效能教师的10个好习惯（小学卷）》	谢　英	30.00
	137	《高效能语文教学5项修炼》	王其华	30.00
新课程探索系列	138	《语文新课程的批判与重建》	葛桂斌	30.00
美国名师教学译丛	139	《美国名师游戏教学本土化应用：幼儿园》	（美）玛西娅 L. 泰特 著 胡珍　瞿菁　编译	30.00
	140	《美国名师游戏教学本土化应用：小学英语》	（美）玛西娅 L. 泰特 著 杨永华　张心影　编译	30.00
	141	《美国名师游戏教学本土化应用：小学数学》	（美）玛西娅 L. 泰特 著 谢艳红　编译	30.00
	142	《美国名师游戏教学本土化应用：小学科学》	（美）玛西娅 L. 泰特 著 刘丽萍　编译	30.00
	143	《美国名师游戏教学本土化应用：小学社会》	（美）玛西娅 L. 泰特 著 姜梅芳　编译	30.00
	144	《美国名师游戏教学本土化应用：小学音体美》	（美）玛西娅 L. 泰特 著 尹立志　编译	30.00
生态化校园系列	145	《文化管理——构建生态和谐校园的必由之路》	付全新	30.00
	146	《点燃学习的激情——构建校园生态化学习型组织》	杨树岳	30.00
	147	《课改突围——构建学校生态化教学体系》	杨树岳	30.00
教育新思考系列	148	《语文教育向何处去》	王　丛	26.00
	149	《教育，就是做好普通的事》	孙志毅	27.00
	150	《走出语文的偏见——让学生体悟文本的原义》	丛智芳	30.00
	151	《让语文教学更高效——批注式阅读教学探索》	韩中凌	30.00
	152	《读写互促——探寻学以致用的语文教学》	曹　龙	30.00
	153	《跳出数学教数学——用文化融通数学教学》	马建秀	27.00
名师感悟系列	154	《让心灵伴着歌声成长——22位音乐名师的教育智慧》	陈　璞	30.00
	155	《超越自我的教师——32位名师的成长感悟》	李卫东　李秀伟	35.00
	156	《心灵的守护者——19位名班主任的教育智慧》	王晓松　曲文弘	30.00
	157	《名师感悟班主任有效工作艺术90例》	符礼科	30.00
	158	《名师感悟有效教学90例》	林高明　徐玉烟	30.00

系列	序号	书　　名	作者	定价
信息化教学系列	159	《巧用白板教语文——信息技术与语文教学操作指南》	蒋丽清	30.00
	160	《跨越式实现高效课堂 ——信息技术与课程整合高效教学方案评析》	陈　玲　刘　禹	30.00
教师必读系列	161	《教师必学的 16 堂修养课》	武宏伟	30.00
	162	《教师不可不知的教学心理效应》	叶勇军	30.00
	163	《班主任不可不知的管理效应》	奚一琴	30.00
	164	《教师不可不知的教育心理效应》	孙　媛	30.00
	165	《校长不可不知的管理效应》	谢曰刚　张金豹	30.00
	166	《成为好教师的 7 项修炼》	王福强　李维华	30.00
	167	《如何让学生会学习》	龙　冰	30.00
	168	《如何让学生爱学习》	周震宇　许小燕	30.00
核心教学主张系列	169	《新生代语文名师核心教学主张》	许友兰	30.00
行思讲坛系列	170	《灵动而朴素地教语文——潘文彬的微格教育生活》	潘文彬	30.00
	171	《师爱无疆——润泽学生心灵的教育故事》	侯忠彦	30.00
	172	《怎样反思更有效 ——促进教师专业发展的反思策略》	诸贝贝	30.00
	173	《成为高度自觉的教育者 ——写给后课标时代的数学教师》	许卫兵	30.00
	174	《哲思数学课》	刘全祥	30.00
	175	《智慧数学课——黄爱华教学思维的实践策略》	黄爱华	30.00
	176	《童趣数学课》	徐　芳	30.00
	177	《把学生教聪明》	严育洪	30.00
	178	《教师最应该规避的教育误区》	杨坤道	30.00
	179	《用语文的方式教语文 ——潘文彬教学主张与实践智慧》	潘文彬	30.00
	180	《怎样让阅读教学更有效 ——提升教学能力的十种读诵模式》	汪秀梅	28.00

系列	序号	书　　名	作者	定价
行思讲坛系列	181	《让生命在润泽中起舞 ——当代小学生最需要的主题班会》	吴联星　罗　琳 冯卫东	30.00
	182	《让生命欢快拔节 ——当代中学生最需要的主题班会》	冯卫东　吴联星	30.00
	183	《课堂因生成而精彩——高效教学的生成智慧》	张文质	30.00
	184	《回到每一个人的生命化教育 ——张文质二甲中学教育行动录》	张文质	30.00
	185	《中小学生如何学会合作》	张玉彬　刘昕昱	40.00
中国教育变革之路丛书	186	《百年树人师何为 ——教师队伍建设困顿与出路》	将丽珠　李玉向	30.00
	187	《入园何时不再难 ——学前教育困惑与抉择》	曾晓东 范　昕　周　慧	30.00
	188	《三尺书桌何处寻 ——流动人口子女教育困难与破解》	范先佐	30.00
	189	《苦旅何以得纾解 ——高考改革困境与突破》	郑若玲	30.00
	190	《择校纠结何时了 ——择校问题困局与治理》	曾晓东　周文海 曾娅琴	30.00
创新教学思想系列	191	《“大问题”教学的形与神》	黄爱华　张文质	30.00
教育漫笔系列	192	《课堂，诗意地栖居》	吴书华	30.00
教学提升系列	193	《有思想地教阅读 ——让学生学会品读文字真意》	王学东	30.00
教育艺术提升系列	194	《藏在师生体态语言里的教学智慧》	张　宇　廖生波	30.00
教学全手册系列	195	《小学习作教学全手册》	郭家海	30.00
	196	《中学写作教学全手册》	郭家海	30.00
	197	《情境教学操作全手册》	冯卫东	35.00
	198	《合作教学操作全手册》	李春华	35.00
	199	《探究教学操作全手册》	周新桂	35.00
	200	《自主教学操作全手册》	诸葛彪	35.00

系列	序号	书　　名	作者	定价
教学全手册系列	201	《创新教学操作全手册》	王　玮	35.00
	202	《班主任工作全手册》	刘沛华	35.00
	203	《新教师工作全手册》	周震宇	35.00
	204	《学生心理健康教育全手册》	刘海莉　刘春杰	35.00
	205	《高效教学操作全手册》	马友平	35.00
创新人才培养系列	206	《创新人才培养校园科普精品课程开发与指导 ——人大附中创新人才培养》	罗　滨	30.00
	207	《创新人才培养特色校本课程开发与创新人才培养 ——清华附中“国际安全下的科学技术”课程构建与实施》	王殿军　方　研 赵宏雁	30.00
	208	《创新人才培养：学校实验室建设与管理》	刘克文 杨发丽　杨　平	30.00
	209	《创新人才培养：数学探究活动开发与指导》	马云朋　韩继伟	30.00
	210	《创新人才培养：化学研究活动开发与指导》	王　磊	30.00
	211	《创新人才培养：物理探究活动开发与指导》	廖伯琴	30.00
	212	《创新人才培养：地理探究活动开发与指导》	张建珍　陈　澄	30.00
	213	《创新人才培养：生物探究活动开发与指导》	张迎春	30.00
	214	《创新人才培养：理念探索与思维突破》	王晶莹	30.00
新生代通派名师系列	215	《简约数学教学》	许卫兵	30.00
	216	《语文教学的本真——情意课堂展现母语之美》	吴建英	30.00
	217	《语文课堂的理想追求——欢快达成三维目标》	董一红	30.00
	218	《阅读教学的真髓——意象构建读出文学的真美》	祝　禧	30.00
	219	《美术教育的真谛——审美人生教育让生命绚丽成长》	陈铁梅	30.00
	220	《语文教学的理想境界——无痕教学润泽生命》	李　凤	30.00
	221	《儿童作文的本义——嬉乐作文让儿童乐并成长着》	王笑梅	30.00
	222	《名师是怎样炼成的》	王建明　王笑君	35.00
幼师成长系列	223	《幼儿行为背后——教师如何读懂幼儿的心思》	吴亚英	30.00
	224	《最具教育力的22种幼儿教育思想》	杨　达	30.00
	225	《幼儿教师必知的安全应急措施》	杨　达	30.00
	226	《幼儿教师必备的教育技能》	李　玲	30.00
	227	《卓越园长21条幼儿园管理策略》	周　丹　江东秋	30.00